MARCO POLO

W0320956

WOHIN

GEHT DIE REISE?

DER MARCO POLO TRENDGUIDE

2025

NOCH UNENTDECKT

NEUER GLANZ

2025 ERLEBEN

NACH HALTIG

Durch Neuseeland radeln, durch Deutschland pilgern oder mit dem Hausboot die große Freiheit spüren – erlebe dein Abenteuer!

Wo soll es 2025 hingehen? Zieht es dich eher in die Natur, oder möchtest du mal wieder Stadtluft schnuppern? Willst du das eigene Land erkunden, oder musst du raus – nach Europa oder in die Welt? Egal, es gibt von allem und für jede:n etwas.

40 Ziele haben wir, das Team von MARCO POLO, für dich ausgesucht. 40 Ziele, die neu auf der touristischen Landkarte sind, die 2025 mit einem besonderen Event aufwarten, die mit ganz neuen Angeboten überraschen oder die in puncto Nachhaltigkeit die Nase vorn haben.

Wir wollen dir Inspirationen liefern, wie du die Welt entdecken kannst und mit vielen spannenden Eindrücken im Gepäck wieder nach Hause kommst – und dabei einen möglichst kleinen CO_2-Fußabdruck hinterlässt.

Allen Zielen gemeinsam ist: 2025 lohnt es sich besonders, dorthin zu reisen. Schau selbst, was am besten zu dir passt! Ein grandioses Reisejahr wünscht dir

Deine MARCO POLO Redaktion

UNSERE KRITERIEN

NOCH UNENTDECKT

Diese Ziele hat bisher kaum jemand auf dem Schirm! Wir verraten dir, wohin du 2025 reisen solltest, bevor alle kommen. Zum Beispiel auf die Kykladeninsel Antiparos oder auf die entspannten Kapverden.

NEUER GLANZ

Hier gibt's etwas Neues, wird neu gedacht oder sich sogar neu erfunden. „Da war ich schon", ist nicht mehr. Wirf einen frischen Blick auf Klassiker wie Kanada oder auf Mexiko-Stadt aus der Seilbahn.

UNSERE KRITERIEN

2025 ERLEBEN

Das steht 2025 an: Openings, Events, Partys … Sei einfach zur richtigen Zeit am richtigen Ort – etwa zur Expo in Osaka, zum Heiligen Jahr in Rom oder zum Schiffegucken auf der SAiL in Bremerhaven.

NACH HALTIG

Nachhaltig reisen: Wir zeigen dir, wo und wie das 2025 möglich ist. Wie wär's mit einer Wanderung auf der Via Transilvanica, einer Radtour durchs lebenswerte Wien oder einem Flussbad im grünen Vilnius?

15 x Deutschland, Österreich und die Schweiz

15 x EUROPA

珍味てっちり
9－22
HITACHI
Hitachi Social Innovation
麻雀
串カツ

10 X WELTWEIT

15 X DEUTSCHLAND, ÖSTERREICH UND DIE SCHWEIZ

HELGOLAND
14
4
BREMERHAVEN
DESSAU
1
RHINE-RUHR WORLD
UNIVERSITY GAMES
15
8
WUPPERTAL
11
NORDSACHSEN
GÖRLITZ
13
CHEMNITZ
9
MULDENHAMMER
6
12
URLAUB MIT
FLOW-FAKTOR
7
REISEN MIT
DEM FALTRAD
WIEN
10
3
ZÜRICH
2
PILGERWEGE IM
ALPENRAUM
5
BERNER ALPEN:
SCHILTHORN

1

DESSAU

1925 zog das Bauhaus von Weimar nach Dessau. Das wird 100 Jahre später natürlich groß gefeiert – mit einem Festprogramm, das Designfans sich nicht entgehen lassen sollten.

20|25!

Schlicht, formschön und ohne Schnörkel: Das Bauhausdesign war stilprägend für die Moderne. Gegründet 1919 in Weimar, zog die legendäre Schule für Kunst, Gestaltung und Architektur 1925 nach Dessau, wo sie sich Ende 1926 im nagelneuen Bauhausgebäude von Walter Gropius einrichtete. Zum doppelten 100-Jahr-Jubiläum wird ausgiebig gefeiert, von September 2025 bis Dezember 2026 mit großem Festprogramm. Eine Reihe von Ausstellungen bespielt herausragende Architektur wie die Junkers-Lamellenhalle mit Stahlhaus, das historische Bauhausgebäude, das Bauhaus Museum und das alte Arbeitsamt. In der hochmodernen Betonhalle mit spiegelnder Glasfassade siehst du Produkte der Lehrenden und Studierenden, von Wandteppichen über Stühle und Geschirr bis zu Werbegrafik und Film. Neben dem Bauhaus begegnen dir in Dessau-Roßlau drei weitere Unesco-Welterbe-Highlights: das Dessau-Wörlitzer Gartenreich, das Biosphärenreservat Mittelelbe und die studentische Mitschrift von Luthers Römerbrief-Vorlesung. Also, Gründe genug für einen Kulturtrip.

to do

1 Stilvoll übernachten

Die Bauhaus-Gebäude zu sehen, ist das eine. Im Prellerhaus direkt neben der Reformschule wohnten früher die Studierenden, um gemeinsam zu leben und zu arbeiten. Im schlichten Ambiente der Zimmer von damals INSIDER TIPP kannst du auch heute noch übernachten (https://bauhaus-dessau.de/besuch/uebernachten).

2 Neues Wohnen

Wie hat die Avantgarde in den Roaring Twenties gelebt? Bei einer öffentlichen Führung durch die von Walter Gropius entworfenen Meisterhäuser darfst du ins Innere der Bauhausarchitektur spicken und erfährst Spannendes über Gestaltung und Zeitgeist der 1920er-Jahre.

3 Bauhaus-Express

Kauf dir ein Tagesticket und gondle zu den besten Bauhausgebäuden. Die Buslinie 10 fährt zur Siedlung Törten mit den Laubenganghäusern, zum Historischen Arbeitsamt, zum Bauhaus Museum, zu den Meisterhäusern und zum Ausflugslokal Kornhaus.

to see

4 Georgium

Ob voller Frühlingsblüten oder geheimnisvoll im Herbstnebel: Der Landschaftspark im englischen Stil, der zum Gartenreich Dessau-Wörlitz gehört, ist ein Genuss. Im gleichnamigen Schlösschen wartet die Anhaltische Gemäldegalerie mit kunstvoller altdeutscher und niederländischer Malerei auf.

5 Auenhaus

Auf zu Biber, Seeadler und Eisvogel! Das Informationszentrum ist ein toller Start für schöne Spaziergänge im Biosphärenreservat Mittelelbe. Auenpfade führen etwa zu einem Flüsschen mit Biberburg.

6 Schloss Oranienbaum

Kurz mal nach Holland? Ja natuurlijk! Prinzessin Henriette Catharina von Oranien-Nassau kam aus den Niederlanden und wollte einen Sommersitz, der sie an ihre Heimat erinnerte. Mit gestaffelten Seitenflügeln, einem Fliesenkeller und einem Ledertapetensaal mitten im Gartenreich Dessau-Wörlitz.

DESSAU

Bundesland: Sachsen-Anhalt
Einwohner: 80 000
Anreise: Von Berlin ist Dessau in rund anderthalb Stunden mit der Regionalbahn zu erreichen.
Vor Ort unterwegs: Mit Bus, Straßenbahn und der Dessauer-Wörlitzer Eisenbahn
Mehr Infos: visitdessau.com, bauhaus-dessau.de

BESTE REISEZEIT

BUDGET SKALA

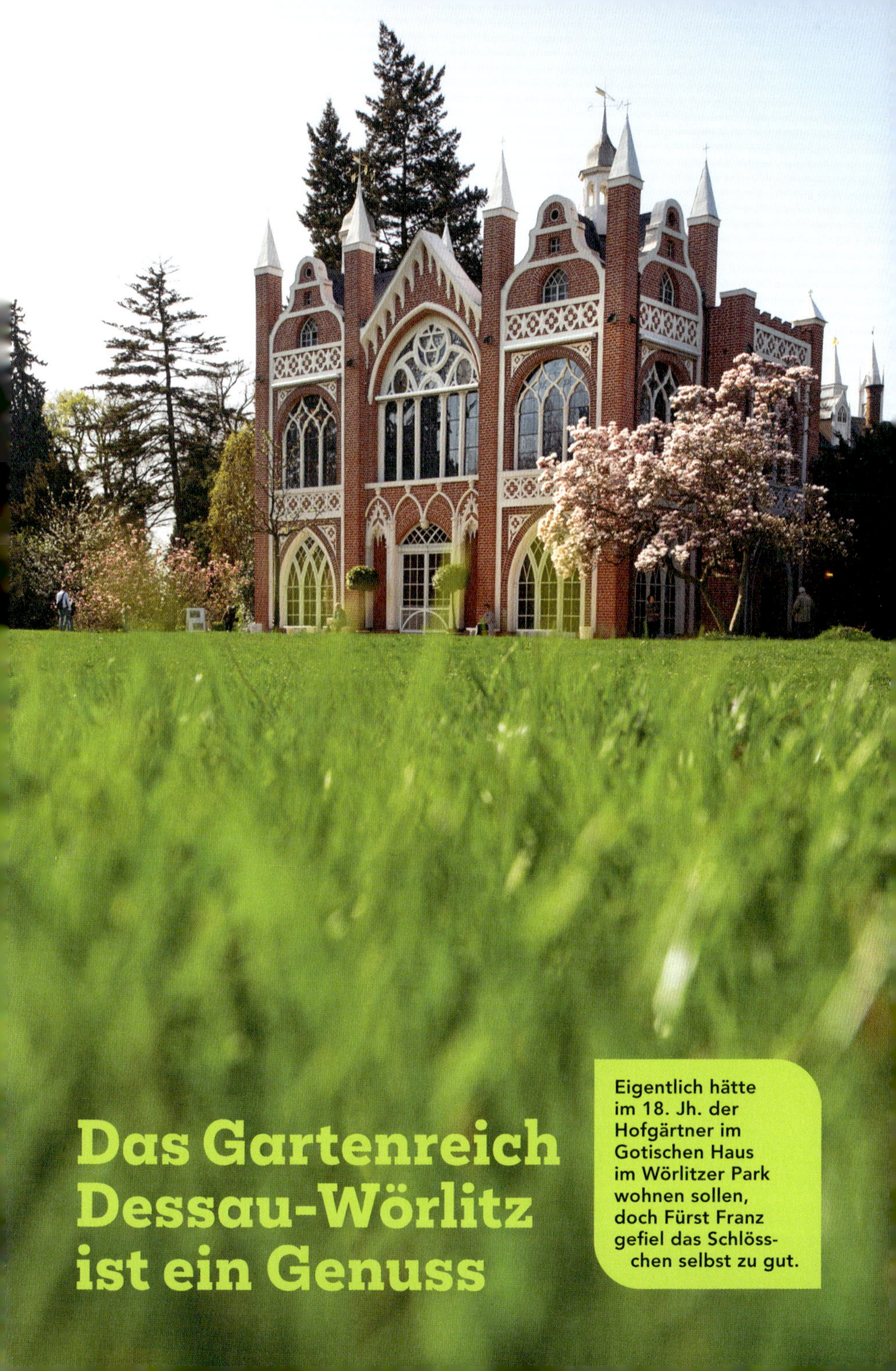

Eigentlich hätte im 18. Jh. der Hofgärtner im Gotischen Haus im Wörlitzer Park wohnen sollen, doch Fürst Franz gefiel das Schlösschen selbst zu gut.

Das Gartenreich Dessau-Wörlitz ist ein Genuss

Ist das Kunst – oder kann man das wegschieben? Bei Lucy Ravens Installation „Lichtspielhaus“ im Bauhaus Museum sind die Glaswände in bunter Bewegung.

Am Ende führen sie alle an ein Ziel, mal nach mehr, mal nach weniger Kilometern: Auch das Konstanzer Münster liegt am Jakobsweg.

Pilgern liegt im Trend, noch nie waren so viele Menschen zu Fuß auf uralten Pfaden unterwegs. Religiös ist diese Art des Weitwanderns meist nicht, spirituell aber schon. Und nachhaltig sowieso.

PILGERWEGE IM ALPENRAUM

2

Fast 450000 Menschen haben sich 2023 über die verschiedenen Routen des Jakobswegs nach Santiago de Compostela aufgemacht, so viele wie nie zuvor. Doch für viele Pilger:innen steht in Zeiten, in denen die christlichen Kirchen in Scharen Mitglieder verlieren, der religiöse Aspekt nicht mehr im Vordergrund. Pilgern ist jetzt eher Zäsur, Ausstieg aus dem Alltagstrott, aber auch Grenzerfahrung oder Markierung eines Übergangs von einer Lebensphase in die nächste. Das sind natürlich auch alles Gründe für eine klassische Alpenüberquerung, und doch hat das Wandern entlang althergebrachter Pilgerwege eine spirituellere Komponente. Dabei muss es nicht immer die klassische Route durch Nordspanien sein – obwohl Santiago oft das Ziel bleibt, zumindest bei den Jakobswegen. Von Lübeck aus zum Beispiel müsste man dann aber sein Pilgergepäck schlappe 3000 km weit bis nach Spanien tragen. Gut, dass es vor allem in Süddeutschland, in Österreich und der Schweiz wunderschöne Teilstücke der religiösen Routen gibt. Für sie steht nicht nur Jakob Pate, sondern auch Benedikt, Martinus, Johannes oder auch Maria. Ihnen ist eins gemeinsam: Wie seit Jahrhunderten pilgern auf ihnen Menschen, die auf der Suche sind, durch schönste Landschaften.

Ausstieg aus dem Alltag

top Pilgerwege

1 Durchs südliche Paradies

Durch die Pfalz, das Elsass und Baden schlängeln sich gleich mehrere Jakobswege. Wer hier unterwegs ist, kann zur spirituellen Note den Genuss hinzufügen: INSIDER TIPP Die Küche des Dreiländerecks sucht ihresgleichen, und auch das Wetter schmeckt südlich.

2 Über die Alpen hinweg

Mehr als 350 km weit führt die Via Francisca durch die Schweiz bis nach Italien, ihr Startpunkt ist Konstanz. Vom Bodensee aus geht es in 22 Etappen den Rhein hinauf und am Lukmanierpass über den Alpenkamm. Die 2000 Jahre alte „Straße der Kaiser" endet am Dom von Pavia.

3 Von Ost nach West

Martin statt Jakob: Seit 2005 entstehen immer neue Routen auf der Via Sancti Martini, die das ungarische Szombathely – den Geburtsort des hl. Martin – mit dem französischen Tours, seiner Grablege, verbinden. In Süddeutschland läuft der Kulturweg des Europarats von Passau nach Trier.

4 Die Böhmerwaldrunde

Warum nicht mal im Kreis pilgern? Der Böhmerwaldrundweg beginnt und endet in der Marktgemeinde Aigen-Schlägl im oberösterreichischen Mühlviertel. Knapp 130 km lang ist der abwechslungsreiche „Weg der Entschleunigung".

5 Bayerische Schönheiten

Schon allein der Anblick der atemberaubenden Rokokopracht der Wallfahrtskirche zum Gegeißelten Heiland auf der Wies, besser bekannt als Wieskirche, macht den Jakobsweg von München nach Bregenz zum Pilger-Muss. Dazu: Starnberger- und Bodensee, Traumberge und -städte.

6 Weite Ausblicke

Der heilige Berg der Oberschwaben, der fast 800 m hohe Bussen im Landkreis Biberach, ist der Höhepunkt der sieben verschlungenen Routen des Oberschwäbischen Pilgerwegs. Vom Gipfel aus kann man die Alpen und das Ulmer Münster sehen, die insgesamt 1000 km langen Pilgerwege führen zu Wallfahrtsorten und Klöstern.

PILGERWEGE IM ALPENRAUM

Länder: Deutschland, Österreich, Schweiz
Anreise: Die Ausgangspunkte der einzelnen Pilgerrouten sind stets mit öffentlichen Verkehrsmitteln zu erreichen.
Übernachtung: Pilgerherbergen sind eher einfache Unterkünfte, die man bei beliebten Strecken vorbuchen sollte.
Mehr Infos: deutsche-jakobswege.de. Für den Jakobsweg gibt es einen Pilgerausweis.

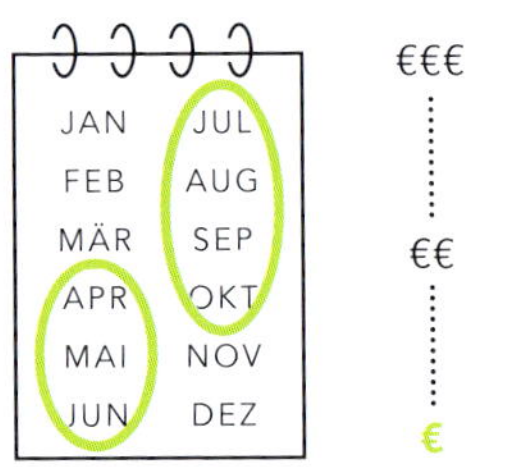

BESTE REISEZEIT

BUDGET SKALA

Rucksack, Hut, Wanderstiefel und – ganz wichtig – Pilgerstab und Jakobsmuschel: die Insignien des spirituellen Zu-Fuß-Unterwegsseins

3

ZÜRICH

2025 findet die Fußball-EM der Frauen in der Schweiz statt. Fünf Spiele werden in Zürich ausgetragen. Grund genug, hinter der Fassade der Businessmetropole die Party-, Sommer- und Kulturstadt zu entdecken.

20|25!

Sundowner à la Zürich: im weichen Licht der Abendsonne dem Plätschern der Limmat zuhören und dem Tag „Ade" sagen

Zürich? Na ja … ist teuer, voller Banker:innen und auch sonst eher dröge. Ha, schon dem Klischee aufgesessen! Natürlich, teuer stimmt, da musst du eben geschickt sein. Die Prozentbuch-App zum Beispiel beinhaltet 2-für-1-Gutscheine für Restaurants, Bars, Clubs und einiges mehr. Oder du nutzt die Leihräder von „Züri rollt", um völlig gratis die Gegend zwischen Bahnhofstrasse und mittelalterlichem Stadtkern mit dem Grossmünster zu erkunden. Überhaupt investiert die Stadt stark in nachhaltige Mobilität, damit die exzellente Lebensqualität – die Zürich regelmäßig bei Umfragen und in Studien bestätigt wird – erhalten bleibt. Warum aber sollte man ausgerechnet 2025 in die Stadt fahren, die so malerisch an Zürichsee und Limmat liegt? Vielleicht, weil sie einer der Austragungsorte der Spiele der Frauenfußball-Europameisterschaft ist. Du stehst nicht so aufs Kicken? Dann womöglich, um Zürich endlich als Partymetropole, kulturellen Hotspot und Sommerbadeort kennenzulernen. Wie bitte, Badeort? Aber klar, die Züricher:innen lieben ihre Badis, von denen fünf an der Limmat liegen. Baden im Fluss – das ist besonders!

to do

1 Alle sind im Fluss

Nirgendwo sonst gibt es mehr Freibäder auf so kleinem Raum als in Zürich, 18 Becken-, See- und Flussbäder sind es insgesamt. Besonders erfrischend: das Baden in der Limmat. Denn in kaum einer anderen Metropole kannst du praktisch INSIDER TIPP direkt vom Shoppingtrip zur Abkühlung in einen Fluss hüpfen.

2 Wo ist Heidi?

Eine Alp, mitten in der Stadt, wo gibt's denn so was? Auch in Zürich nicht, aber die Blüemlisalp ist schon sehr, sehr nah. In 20 Minuten bringt dich die Forchbahn nach Wangen, dann geht's hinauf zu Alpkäse, Speckteller und einer umwerfenden Aussicht aufs Alpenpanorama.

3 Schokolade schlemmen

Schau an der Ecke Bahnhofstrasse/Paradeplatz zur Kaffeepause mit anschließendem Einkauf vorbei. Das Café der berühmten Confiserie Sprüngli, Heimat der weltbesten Schokotrüffel und der „Luxemburgerli", wurde 2024 renoviert.

to see

4 Bahnhofstrasse

Geh bummeln über eine der teuersten und schönsten Einkaufsstraßen der Welt. Was sich links und rechts dieses 1 km langen, von Linden gesäumten Asphaltstreifens zwischen Hauptbahnhof und Zürichsee alles an illustren Geschäften drängt, hat Weltklasse. Geldbeutel festhalten!

5 FIFA Welt-Fußball-Museum

Wenn du wegen der Frauen-EM hier bist, dann lass dir das FIFA Welt-Fußball-Museum nicht entgehen. Hier werden nicht nur berühmte Szenen und Kicker präsentiert, du kannst dich auch selbst im Toreschießen und Dribbeln üben.

6 Zoo

Der Zürcher Zoo ist für seine artgerechten Großgehege bekannt. Panterra heißt die neue Raubtieranlage, die 2025 eröffnet wird und die von den Amurtigern, den Asiatischen Löwen und den Schneeleoparden gemeinsam genutzt wird: In einer Art Rotationssystem gelangen die Großkatzen in die verschiedenen Gehege.

ZÜRICH

Kanton: Zürich
Einwohner: 434 000
Anreise: Von allen größeren Städten in Deutschland und Österreich fahren Züge nach Zürich. Nachtzüge ab Berlin und Wien
Vor Ort unterwegs: Selbst die Schiffe zählen zum Tarifverbund Zürich, Leihräder sind dank „Züri rollt" gratis.
Mehr Infos: zuerich.com/de

JAN	JUL
FEB	AUG
MÄR	SEP
APR	OKT
MAI	NOV
JUN	DEZ

BESTE REISEZEIT (markiert: MAI, JUN, JUL, AUG, SEP)

€€€ · €€ · €

BUDGET SKALA

Zürich als Sommerbadeort

Ganz schön alt und nostalgisch ist das Seebad Utoquai an der Promenade des Zürichsees. Der Holzbau im Jugendstil stammt von 1890 und ist so was von angesagt!

Segler aller Größen machen Bremerhaven 2025 zum Must-see für alle, die sich für die Seefahrt begeistern, ob aktiv oder passiv.

20|
25!

Ahoi! 2025 wird Bremerhaven endlich wieder zur Hauptstadt der Windjammer. Der einst größte Fischereihafen Europas hat sich gewandelt, heute bestimmen Museen von Weltruf die neuen „Havenwelten".

BREMERHAVEN

4

Wann nach Bremerhaven, wenn nicht 2025? Wenn im August wieder mehr als 250 Windjammer aus der ganzen Welt Kurs auf die Seestadt nehmen. Die normalerweise alle fünf Jahre ausgerichtete SAiL findet nach der Corona-Pause endlich wieder statt und erwartet über eine Million Gäste zum Schiffegucken. Großsegler und Traditionsschiffe liegen fünf Tage lang an den Kais, das Viertel der „Havenwelten" wird zur maritimen Partymeile. Wo vor rund 200 Jahren Millionen von Auswanderungswilligen in See stachen, locken heute großartige Museen, schicke Cafés und die Weserdeichpromenade mit dem Zoo am Meer. Nimm dir unbedingt Zeit für die Highlights der Stadt und besuch das Klimahaus, das Schifffahrtsmuseum, das Auswandererhaus und das U-Boot „Wilhelm Bauer". Du möchtest lieber noch mehr Schiffe sehen? Dann steig in den HafenBus und mach dich auf den Weg zu den Kreuzfahrtriesen, Containerschiffen und Autotransportern in den Überseehäfen. Oder erklimm den 15 m hohen Aussichtsturm an der Nordschleuse und genieß den einmaligen Blick auf die Werften, Schleusen und Terminals der Stadt.

Hauptstadt der Windjammer

to do

1 Frischen Fisch essen

Lust auf Matjesbrötchen oder Räucherfisch? Dann ab ins „Schaufenster Fischereihafen". Einst landeten Fischdampfer hier ihren Fang an, heute wird rund um das alte Hafenbecken geschlemmt, geshoppt und gefeiert. **INSIDER TIPP** Aus den „Havenwelten" mit dem Helgoländer Börteboot anreisen!

2 Schiffe „kieken"

Hier werden tagtäglich Autos und frische Früchte umgeschlagen, Kaffee oder Schwergüter importiert. Die faszinierenden Überseehäfen sind eigentlich absolutes Sperrgebiet, nur mit dem HafenBus darfst du durch den Trubel zwischen Containerschiffen und Kreuzfahrtriesen fahren.

3 Über die Weser schippern

Dicke Pötte gucken kannst du auch von der „MS Geestemünde" aus. Zwei Stunden geht es über die Weser, vorbei an den kilometerlangen Hafenanlagen bis ins Wattenmeer. Je nach Tide werden sogar Seehundbänke angefahren.

to see

4 Auswandererhaus

Mit der Eintrittskarte erhältst du eine eigene Biografie und machst dich per Schiff auf den Weg in die Neue Welt. Erlebe die Migration mit allen Sinnen, recherchiere nach ausgewanderten Vorfahren und lerne im neu eröffneten Komplex das Einwanderungsland Deutschland aus einer anderen Perspektive kennen.

5 U-Boot „Wilhelm Bauer"

Ganz schön eng ist es im schwimmenden Technikmuseum im Museumshafen. In diesem originalen U-Boot aus dem Zweiten Weltkrieg gingen einst 58 Mann auf Tauchfahrt! Nie als Waffe eingesetzt, diente es jahrelang als Ausbildungsschiff.

6 Klimahaus® Bremerhaven

Du interessierst dich fürs Klima und Wetter? Dann komm mit auf eine Reise entlang des 8. östlichen Längengrads durch fünf Kontinente. Du wirst schwitzen, frieren, staunen und lachen – und Menschen aus aller Welt treffen. Tipps für den Klimaschutz inklusive!

BREMERHAVEN

Bundesland: Bremen
Einwohner: 115 000
Anreise: Regionalzüge fahren regelmäßig von Bremen nach Bremerhaven. Autofahrer:innen nehmen die A27.
Vor Ort unterwegs: Das TagesTicket von BremerhavenBus ist ideal für die Innenstadt.
Mehr Infos: bremerhaven.de. Die SAiL findet vom 13.–17. August 2025 statt.

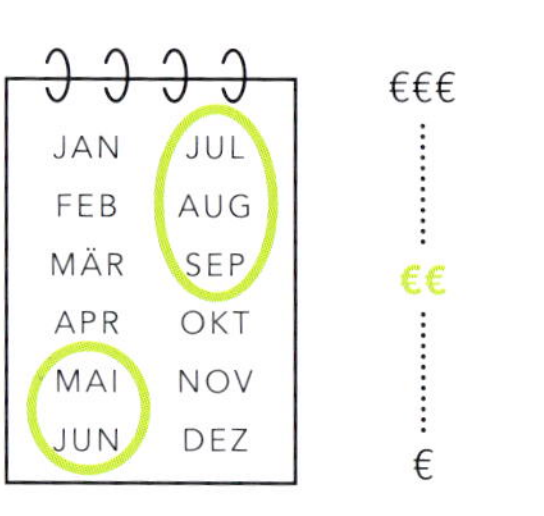

BESTE REISEZEIT

BUDGET SKALA

Du wirst schwitzen, frieren, staunen und lachen

In 80 Tagen um die Welt? Im Klimahaus schaffst du's in 80 Minuten. Macht aber keiner, dazu sind die Ausstellungen viel zu interessant und fesselnd.

Scharfe Grate unter watteweichen Wolken: Der Blick von der Skyline View Plattform auf dem Schilthorn ist ein 200-Gipfel-Rundum-Staunen.

5

BERNER ALPEN: SCHILTHORN

Ab 2025 verbindet eine neue Seilbahn den Ort Stechelberg mit dem Gipfel des Schilthorns. Die Gondeln bieten spektakuläre Aussichten, und in der Spy World des Drehrestaurants Piz Gloria wartet James Bond.

James Bond würde es wohl gefallen: auf einer Gondel der steilsten Seilbahn der Welt gegen einen fiesen Endgegner kämpfen, während unter ihm der Abgrund gähnt. Zumal der Geheimagent seiner Majestät das Schilthorn seit 1969 kennt. Damals fanden die Dreharbeiten zum 007-Abenteuer „Im Geheimdienst Ihrer Majestät" im ikonischen Drehrestaurant Piz Gloria statt, das auch heute noch den fast 3000 m hohen Berg im Berner Oberland krönt. Nur die Seilbahn ist in die Jahre und an ihre Kapazitätsgrenze gekommen, weshalb nun eine neue kommt. Im März 2025 werden die Gondeln das Piz Gloria erreichen. Das steilste Bahnstück misst eine Steigung von 160 % – Weltrekord! Dank der Bahn verschwindet auch eine der Stützen aus dem Ortsbild von Mürren, wie überhaupt weniger Stützen gebraucht werden.

Tief unten gähnt der Abgrund

to do

1 Thriller überm Abgrund

Der Name verrät's bereits: Auf den Thrill Walk bei Birg sollten sich nur Schwindelfreie begeben. Glasböden und ein Kriechtunnel aus Netzen geben den Blick auf den Abgrund frei. Wer jetzt nicht mit den Knien schlottert, hat sich einen Piz Gloria Burger im Drehrestaurant verdient.

2 Bergdorfatmosphäre pur

Das autofreie Örtchen Mürren liegt in 1650 m Höhe auf einer Hochebene über dem Lauterbrunnental. Im stimmungsvollen Schweizer Bergdorf tummeln sich Bergsteiger:innen, Wanderer, Mountainbiker, Snowboarder, Skifahrer:innen – und du, wenn du Lust auf ganz viel Bewegung in der eidgenössischen Höhenluft hast.

3 Zwischen Himmel und Fels

Wenn unter den Bergstiefeln nur noch Luft ist, dann stehst du auf einem der Haken, die für den Klettersteig Mürren in den Fels gehauen wurden. Du bist zwar den ganzen Weg gesichert, dennoch ist diese Via Ferrata schwierig und nichts für Neulinge.

to see

4 Schilthornbahn

Im Cabrio auf 3000 m? **INSIDER TIPP** Die Fenster der neuen Gondeln der Schilthornbahn lassen sich fürs Open-Air-Gefühl herunterfahren, uneingeschränkter Blick aufs Alpenpanorama inklusive. Und auf die Basejumper, die sich im unteren Abschnitt in die Tiefe stürzen.

5 Skyline View Plattform

Was für ein mächtiges Trio: Die Gipfel von Eiger, Mönch und Jungfrau ragen jeweils rund 4000 m in die Höhe. Von der Skyline View Plattform auf dem Schilthorn blickst du auf die drei Bergberühmtheiten – und siehst noch rund 200 weitere Gipfel.

6 Spy World & Cinema

George Lazenby hat nur einen Bond-Film als 007 gedreht, das Schilthorn auch: Als Piz Gloria ist es das Hauptquartier des Oberschurken in „Im Geheimdienst Ihrer Majestät". In der Ausstellung Spy World erlebst du Bond-Abenteuer im Helisimulator, auf einer riesigen Leinwand werden Szenen und Stuntaufnahmen gezeigt.

BERNER ALPEN: SCHILTHORN

Kanton: Bern
Höhe des Schilthorns: 2970 m
Anreise: Züge fahren über Basel, Bern und Interlaken nach Lauterbrunnen, von dort bringt dich der Bus 141 nach Stechelberg.
Vor Ort unterwegs: Die Schilthornbahn fährt in rund 15 Minuten von Stechelberg (866 m) über Mürren und Birg auf den Gipfel.
Mehr Infos: schilthorn.ch

BESTE REISEZEIT

BUDGET SKALA

Ob die Netze wohl halten? Beim Thrill Walk in Birg bekommen selbst Schwindelfreie über dem Abgrund einen Tunnelblick.

Auf dem Mond ist Sigmund Jähn nicht gelandet, und auch das Lunar Roving Vehicle ist nur ein Nachbau – trotzdem regt es die Fantasie an.

Lust, ins All zu fliegen?
Die Deutsche Raumfahrtausstellung lässt Kosmo- und Astronaut:innen aufleben und bekommt 2025 eine sehenswerte Erweiterung.

MULDEN-HAMMER

6

Deutschlands Weg ins All führt direkt über – Morgenröthe-Rautenkranz. Wieso in diesem Ortsteil der sächsischen Gemeinde Muldenhammer, der schon in seinem Namen fast poetisch ans Weltall erinnert, die Deutsche Raumfahrtausstellung zu finden ist? Weil Sigmund Jähn hier, mitten im Vogtland, zum ersten Mal das Licht dieses Planeten erblickte. Und Jähn war immerhin der erste Deutsche im All: 1978 flog er in der sowjetischen Raumkapsel Sojus 31 zur sowjetischen Raumstation Saljut 6. Zu seinen Ehren also wurde die Ausstellung 1979 eingerichtet, die sich nach der Wiedervereinigung nicht nur den Kosmonauten der DDR und der Sowjetunion widmete, sondern zu einem gesamtdeutschen Raumfahrtmuseum wurde. Wie einzigartig es in Deutschland ist, beweist auch die Tatsache, dass die Schau für fast 9 Mio. Euro eine neue Halle bekommt, die 2025 fertiggestellt sein soll. Die rund 1000 m^2 große „Erlebniswelt" soll mit allen möglichen Multimedia-Mitmach-Features vor allem den Nachwuchs für Ausflüge ins Weltall begeistern. Schon jetzt kann man sich in Morgenröthe-Rautenkranz der Faszination des Universums kaum entziehen: Jede Menge originalgetreue Modelle von Raumfahrzeugen, Satelliten und Raketen zeigen, welche genialen Erfindungen nötig waren, um ins All zu starten. Das Highlight der Ausstellung: der Nachbau des Sojus-Raumschiffs, mit dem Jähn in die Unendlichkeit über unseren Köpfen abhob. Beam us up, Siggi!

to do

to see

1 Feiern auf dem Brauerhof

Wernesgrün ist das Bierdorf des Vogtlands. Wer sehen will, wie der gleichnamige Gerstensaft hergestellt wird, schließt sich einer (abendlichen) Brauereiführung an. In der Biertenne des Gutshofs gibt's dann noch Konzerte und Remmidemmi.

2 Balkon des Vogtlands

Im Winter wird in Schöneck, dem Balkon des Vogtlands und höchstgelegenen Ort der Region, Abfahrt- und Langlaufski gefahren, im Sommer verlocken die fünf Downhill-Strecken im Bikepark risikofreudige Mountainbiker:innen zu einem Höhen- und Adrenalinrausch.

3 Das Heim des Drachen

Sigmund Jähn startete hinauf Richtung Himmel, in Syrau kannst du in die Erde hinabsteigen: In der Drachenhöhle erwarten dich nicht nur fantastische Tropfsteine und steinerne Sintervorhänge, sondern auch eine Lasershow und – wenn du zur rechten Zeit am rechten Ort bist – **INSIDER TIPP** Konzerte unter der Erde.

4 Vogtland-Arena

Ganz so weit wie Sigmund Jähn fliegen die Sportler:innen auf der Skischanze der Vogtland-Arena nicht. Rund 146 m schaffen die Besten. Ein Ufo gibt's trotzdem zu sehen: So wird die Aussichtskapsel der 35 m hohen Schanze genannt, von der aus der Blick weit über die umgebenden Hügel und Wälder reicht.

5 Goeltzschtalbrücke

Die größte Ziegelsteinbrücke der Welt (erbaut 1846–51) bietet einen imposanten Anblick. Mehr als 1700 Arbeiter vermauerten bei Mylau 26 Mio. Ziegel zu einem 78 m hohen und 574 m langen Eisenbahnkunstwerk aus 98 Bogen auf vier Etagen. Noch heute fahren Züge über die Brücke (Zugfahrplan: goeltzschtalbruecke.info).

6 Klein-Vogtland

Falls du dir einen Überblick über die Sehenswürdigkeiten im Vogtland verschaffen willst: Mehr als 50 der bekanntesten Ausflugsziele der Region sind in der Miniatur-Schauanlage in Adorf als Modelle zu sehen.

MULDENHAMMER

Bundesland: Sachsen
Einwohner: 2900
Anreise: Züge und Busse fahren von Leipzig über Chemnitz bis Muldenhammer.
Vor Ort unterwegs: Von Muldenhammer fährt der Bus 22 in 10 Min. nach Rautenkranz. Das Vogtland bietet Rad- und Wanderwege.
Mehr Infos: vogtland-tourismus.de, deutsche-raumfahrtausstellung.de

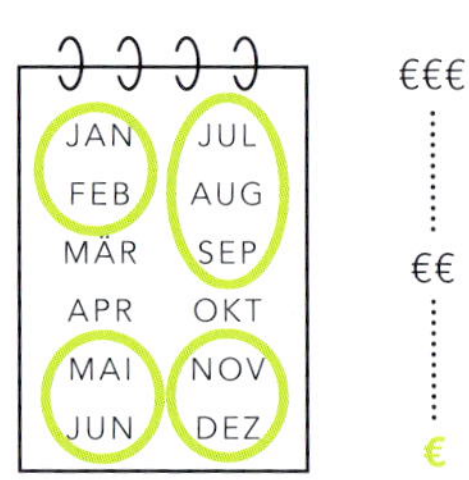

BESTE REISEZEIT   BUDGET SKALA

Kunstwerk aus 26 Millionen Ziegeln

Schienensuperlativ: Allein für die Gerüste beim Bau der Goeltzschtalbrücke wurden schätzungsweise mehr als 20 000 Bäume gefällt.

Fahrradmitnahme im Zug? Wird dank einem Faltrad zum Kinderspiel – flugs zusammengeklappt, ist das Rad nur noch ein Rädchen.

Kompakt, praktisch und stets bereit für spontane Abenteuer, steht das Faltrad für den modernen Lebensstil. Städtereisende schätzen die Kombination aus Mobilität und Flexibilität des vielseitigen Begleiters.

TREND: REISEN MIT DEM FALTRAD

7

Nein, so richtig cool waren Klappräder schon in den 1970er-Jahren nicht. Umso erstaunlicher, dass sie jetzt wieder einen Trend markieren – allerdings nach einer Metamorphose zum Faltrad. Der Unterschied? Klappräder konnte man nur einmal in der Mitte zusammenklappen, während sich Falträder durch Mechanismen an mehreren Stellen so klein machen wie das Handgepäck für die Ablage im Zug. So findet sich selbst im überfüllten Abteil leicht ein Platz für das kleine Gefährt, und die oft komplizierte Fahrradmitnahme in der Bahn wird zum Kinderspiel, weshalb Falträder perfekt zum nachhaltigen Reisen passen: mit dem Zug nach Münsterfreiburgbremen und dort die Stadt mit dem eigenen Rad erobern. Am Bahnhof ist es bei der Ankunft ruckzuck entfaltet, dank seiner Wendigkeit schlängelt es sich mühelos durch Verkehr und enge Gassen. Ein Café-Besuch? Kein Problem, das Drahteselchen kann einfach mit hineingenommen werden. Doch es gibt auch Nachteile: Der kleinere Radumfang bedeutet mehr Tretaufwand und weniger Geschwindigkeit im Vergleich zu einem Standardfahrrad. Außerdem bemerkt man auf unebenen Wegen oder bei höheren Geschwindigkeiten, dass der kompakte Reisebegleiter nicht ganz so stabil ist. Da lohnt es sich, einen Blick auf den jährlichen Fahrradklimatest des ADFC zu werfen und sein Reiseziel danach auszusuchen, in welcher deutschen Stadt es sich besonders gut radeln lässt.

top spots

1 Karlsruhe

Hier wurde das Konzept des Fahrradstraßen-Streckennetzes konsequent umgesetzt. Breite Wege, Vorfahrtsregelungen für Radfahrer:innen und ein durchdachtes Leitsystem machen das Radeln besonders angenehm. Nicht verpassen: das Schloss und die sehenswerten Ausstellungen im Zentrum für Kunst und Medien.

2 Leipzig

Der Clara-Zetkin-Park mit seinen weiten Grünflächen und gut ausgebauten Wegen ist ein Radel-Highlight. Die dynamische Stadt in Sachsen hat viel in die Infrastruktur und neue Radwege investiert. Weil es hier schön flach ist, lohnen auch Ausflüge zu den herrlichen Seen im Umland.

3 Köln

Im ADFC-Fahrradklima-Test 2023 wurde Köln als beste „Aufholer"-Stadt ausgezeichnet. Die Dom-Metropole entwickelt sich mit einem stetig wachsenden Netz an Radwegen und vielen Radinitiativen zunehmend zur fahrradfreundlichen Stadt.

4 Bremen

In der Großstadt an der Weser wurde die Fahrradstraße erfunden, und INSIDER TIPP das Fahrradmodellquartier Alte Neustadt denkt Mobilität neu. Die Bremer Stadtmusikanten wären wahrscheinlich Rad gefahren, wenn sie es denn gekonnt hätten.

5 Münster

Breite Radwege, gut markierte Fahrradstraßen und eine unüberschaubare Zahl von Rädern zeigen schon, dass die Drahtesel in der deutschen Fahrradhauptstadt zur Kultur gehören. Hier schwimmt es sich prima mit im Radlerstrom zwischen dem Prinzipalmarkt mit seinen Giebelhäusern und dem Picasso-Museum.

6 Freiburg im Breisgau

In der sonnenverwöhnten Stadt im Südwesten Deutschlands hauen dich die grünen Routen durch die Stadt, die von Parks und dem Fluss Dreisam gesäumt sind, aus den Radschuhen. Die klare Luft und die malerische Umgebung laden zu entspannten Touren ein.

REISEN MIT DEM FALTRAD

Falträder: Gibt es mit und ohne Elektroantrieb. Für Städtereisen eignen sich die Versionen ohne Motor besser: Sie sind leichter und kompakter, Stadtstrecken sind kürzer.
Modelle: Kultstatus haben die Modelle von Brompton, etwa das P-Line Urban. Aber auch die Birdy-Falträder von Riese & Müller oder die Modelle von Tern, Ahooga und Vello schneiden in Tests gut ab.

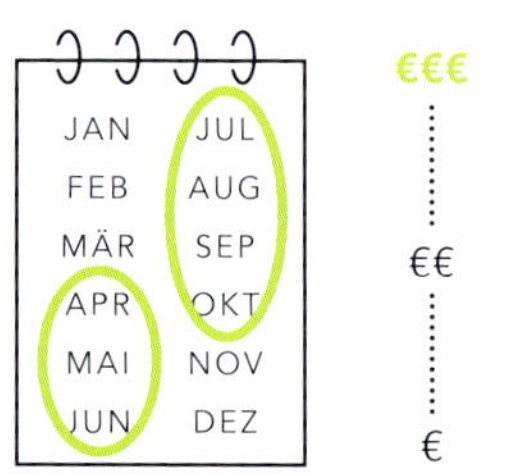

BESTE REISEZEIT — BUDGET SKALA

Mühelos durch Verkehr und enge Gassen

Schon klar, wer in Freiburgs Mobilitätskonzept die Nase vorn hat. Schön, wenn man dann das eigene Fahrrad auf dem Städtetrip dabeihat.

Der Niederländer Leon Keer zählt zu den führenden Künstler:innen der anamorphotischen Street-Art, die perfekt mit Illusion und Perspektive spielt.

Ja, Wuppertal trendet, nicht nur dank Herzschmerzfilmen in der ARD. Die Stadt im Bergischen Land schickt sich an, zu einer Street-Art-Metropole zu werden: eine Open-Air-Galerie, die es in sich hat.

WUPPERTAL

8

Was ist das denn? Riesige Murmeln, die aus einem Haus kullern. Direkt auf uns zu! Wer in Wuppertal unterwegs ist, traut seinen Augen nicht. Hyperrealistische, poetische, surreale und abstrakte Wandgemälde prangen dort meterhoch an den Fassaden. Die bunten Glaskugeln von Leon Keer sind Teil des Projekts „Urbaner KunstRaum Wuppertal", kurz UKW, das bis Ende 2025 Farbe in die Quartiere bringt. Gewuppt hat das Wandkunstevent mit 24 Großgemälden Valentina Manojlov. Sie konnte mit ihrem Verein „WupperONE929 UrbanART" Sponsor:innen und die Stadt überzeugen. Deshalb nichts wie hin in die Schwebebahn-City und der Freiluftgalerie beim Wachsen zuschauen! Schon bestehende Highlights sind unter anderem die Hände von Case Maclaim, die in Gebärdensprache „Heimat" darstellen, und die poetischen Frauenköpfe des argentinischen Street-Art-Duos „Medianeras" aus Barcelona. Auch sonst überrascht die Bergische Metropole mit inspirierenden Ecken – vom Gaskessel mit seinen überwältigenden Projektionsshows bis zum Tanztheater Pina Bausch.

Der Freiluftgalerie beim Wachsen zuschauen

to do

1 Radeltour

Zweirad leihen und ab geht's: Auf geführten Touren durch Wuppertal und das Bergische Land lernst du Land und Leute aus einer ganz neuen Perspektive kennen. INSIDER TIPP Wer's gemütlich mag, entdeckt die Stadt im motorisierten Velo-Taxi.

2 Kunst im Grünen

Freiluftkunst im Skulpturenpark Waldfrieden: Hoch über dem Tal der Wupper liegt die Villa des ehemaligen Lackfabrikanten Kurt Herberts mit idyllischem Park. In diesem tollen Ambiente erlebst du – auch auf Führungen – beeindruckende Werke zeitgenössischer Bildhauerei.

3 Davonschweben

Einsteigen, losgleiten und in 20 Stationen die Stadt erkunden. Seit 1901 zieht die Schwebebahn ihre Runden, heute mit topmodernen Wagen. Der schwerste Fahrgast dürfte Tuffi gewesen sein: Das Elefantenmädchen kam 1950 bei einem Sturz aus der Bahn zum Glück mit dem Schrecken davon.

to see

4 Die Hardt

Im ältesten Stadtpark Wuppertals findest du gleich mehrere Schätze: den Botanischen Garten, eine Gründerzeitvilla mit Orangerie und den kupferroten Elisenturm. Auf den Fundamenten einer Windmühle errichtet, war er erst Sternwarte, dann Aussichtsturm.

5 Von der Heydt-Museum

Wechselnde Ausstellungen zeigen Gemälde, Skulpturen und grafische Blätter – vom 16. Jh. bis in die Gegenwart. Zurück geht die Sammlung auf die Elberfelder Bankiersfamilie von der Heydt, die Impressionisten wie Monet, Degas und Renoir besonders liebte.

6 Briller Viertel

Nicht nur für Architekturfans eine Augenweide: die verzierten, verspielten Villen aus dem 19. Jh., die Industriellenfamilien im heutigen Stadtteil Elberfeld bauen ließen. Das Quartier gilt als das größte zusammenhängende Villenviertel der Gründerzeit in Deutschland.

WUPPERTAL

Bundesland: Nordrhein-Westfalen
Einwohner: 365 000
Anreise: Direktverbindungen mit ICE, IC und Regionalbahn
Vor Ort unterwegs: Mit Bus, Stadtschnellbus (SB), CityExpress (CE) und Schwebebahn, wsw-online.de
Mehr Infos: wuppertal.de, urbaner-kunstraum.de

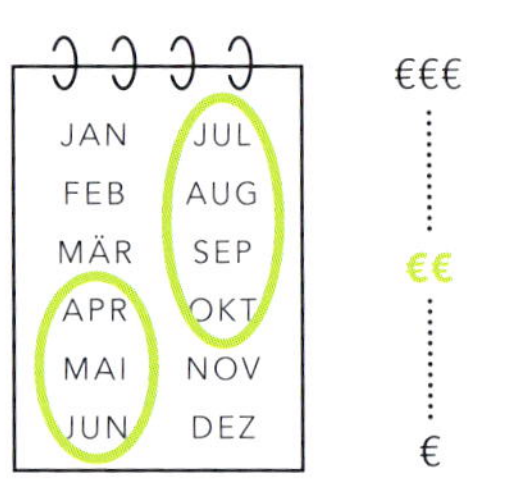

BESTE REISEZEIT   BUDGET SKALA

Einsteigen und losgleiten

Das gibt's sonst nirgendwo in Deutschland: eine Bahn, die unter ihren Schienen schwebt. Allein das ist einen Besuch in Wuppertal wert.

Auch das ist das Gesicht einer Industriemetropole: Dank der Villen und prächtigen Bauten reicher Industrieller wurde der Kaßberg zum Jugendstilparadies.

20|
25!

Wann, wenn nicht 2025? In diesem Jahr ist Chemnitz Kulturhauptstadt Europas und zeigt mit vielen Aktionen auch seitens der Bürgerschaft, dass das Image der grauen Industriestadt definitiv von gestern ist.

CHEMNITZ

9

Besteht nur aus grauen Plattenbauten, und die Hauptattraktion ist der Riesenschädel von Karl Marx. Natürlich Quatsch! Dass Chemnitz, zu DDR-Zeiten Karl-Marx-Stadt, so viel mehr ist als der „Nischel" (Kopf) des kommunistischen Revolutionärs, beweist die Auszeichnung als Kulturhauptstadt Europas 2025. Unter dem Motto „C the Unseen" gibt es das ganze Jahr über viel Spannendes und bislang Verborgenes zu entdecken. Rund 100 Projekte und bis zu 1000 Veranstaltungen machen Lust auf mehr. Im Mittelpunkt stehen dabei Innovation, Kunst, Kultur und Geschichte. So verwandeln etwa beim „Hutfestival" Ende Mai Straßenkünstler:innen die Plätze in quirlige Hotspots. Im Juni bringt „Makers United" Menschen bei der europäischen Mitmachmesse für Kreativität, Technik und Innovation zusammen. Und auch außerhalb der Events überrascht die ehemalige Bergbau- und Industriestadt mit schönen Ecken und originellen Orten – der Stadtteil Kaßberg etwa, der zu den größten Gründerzeit- und Jugendstilvierteln Deutschlands gehört, das Besucherbergwerk Felsendome und die Burg Rabenstein, die kleinste mittelalterliche Burg Sachsens. Also, nichts wie hin und im Kulturhauptstadtjahr staunen, wie viel Ungesehenes plötzlich sichtbar wird.

Viel mehr als nur Marx

to do

to see

1 Auf Kunstpfaden

Tannenmännchen trifft schwebende Farblampen! Unter dem Motto: „Alles kommt vom Berg" haben internationale und lokale Kunstschaffende Fantastisches aus regionalen Rohstoffen geschaffen. Der Skulpturenweg Purple Path verbindet Chemnitz mit dem Umland.

2 Stadt am Fluss

Kühle Plätzchen braucht die Stadt! Deshalb macht Chemnitz seine Fließgewässer wieder erlebbar. Das Alte Flussbad in Altchemnitz wird zum Erholungsort, der Pleißenbach renaturiert, und der Fuß- und Radweg am Kappelbach bekommt eine neue Stelle zum Entspannen und Sporteln.

3 Chemnitz zum Reinbeißen

Das Label „So schmeckt Kulturregion" führt zu besonders kreativen Genüssen aus Chemnitz und der Region. Egal, ob Marmelade, Wurst, Honig, Kekse oder Likör – alles ist megalecker und typisch für die Gegend. Da hilft nur eines: anbeißen, aufknabbern und wegschlürfen.

4 Industriemuseum Chemnitz

Wo früher Eisen gegossen und Maschinen gebaut wurden, stecken heute Schätze aus 220 Jahren Industriegeschichte. Bei so vielen Automobilen, Web-, Büro-, Werkzeug- und Rechenmaschinen wird klar, warum Chemnitz auch das „sächsische Manchester" genannt wurde.

5 Büdchenzauber

18 m² aus Beton oder Wellblech. Zum Schrauben, Basteln, Grillen oder Weltfirmengründen. Und manchmal steht ein Auto drin. **INSIDER TIPP** Beim Projekt „3000 Garagen" siehst du die typisch ostdeutschen Freiräume im Chemnitzer Stadtgebiet.

6 Villa Esche

Einfach mal frech bei einer fremden Familie durch das Speisezimmer und den Musiksalon spazieren – das ist möglich im Henry van de Velde Museum. Der belgische Architekt und Designer hatte 1902 für die Textilunternehmerfamilie Esche eine Villa gebaut. Ein tolles Jugendstiljuwel mit Park!

CHEMNITZ

Bundesland: Sachsen
Einwohner: 251 000
Anreise: Von Berlin direkt mit dem IC oder ab Dresden und Leipzig mit der Regionalbahn
Vor Ort unterwegs: Mit Zug, Chemnitz-Bahn, Tram und Bus der Chemnitzer Verkehrs-AG (cvag.de) oder mit dem Chemnitzer Stadtfahrrad (chemnitzer-stadtfahrrad.de)
Mehr Infos: chemnitz2025.de, chemnitz.de

Das „sächsische Manchester"

Eigentlich hätte die Gießereihalle abgerissen werden sollen – doch dann kam die Wende. Und jetzt taucht man im Industriemuseum Chemnitz in die sächsische Wirtschaftsgeschichte ein.

Grünes Wien:
Im Stadtpark verträumt sich der Sommer besonders schön. Tauben vergiftet hier, wie in Georg Kreislers bitterbösem Wien-Lied, natürlich keiner.

Regelmäßig landet die österreichische Hauptstadt weit vorn im Ranking der grünsten Städte der Welt. Wer Nachhaltigkeit zur Reisemaxime gemacht hat, kommt um einen Besuch Wiens nicht herum.

WIEN

10

Wo sind denn alle?", fragte kürzlich eine große deutsche Tageszeitung. Und gab gleich selbst die Antwort: „In Wien." Die österreichische Hauptstadt ist angesagt wie nie, kein Wunder also, dass 2025 gleich fünf neue Fünfsternehotels eröffnen sollen. Es gibt aber mehr Gründe, dem Wiener Schmäh nachzuspüren, als für eine Nacht in einer Suite 3200 Euro zu berappen. Stichwort Nachhaltigkeit: Für alle, die nicht nur bei der Anreise Wert auf Klimafreundlichkeit legen, sondern auch bei der Destination, ist Wien die Antwort. Die Stadt gilt als eine der nachhaltigsten Europas und setzt einen klaren Fokus auf Umweltschutz und Lebensqualität. Grün ist sie buchstäblich: Parks und Naturoasen machen mehr als die Hälfte des Stadtgebiets aus, darunter der Prater, der Stadtpark und der weitläufige Schlosspark Schönbrunn. 2025 geht voraussichtlich eine neue Straßenbahnlinie in Betrieb, dann sollen auch nur noch E-Taxis durch Wien kurven. Mehr als 70 % der Wiener:innen fahren mit den Öffis zur Arbeit, 700 Stadtimker:innen kümmern sich um rund 6000 Bienenvölker, es gibt Urban-Gardening-Projekte und städtische Landwirtschaft, Abfallkonzepte, Umweltbildung – you name it. Als Tourist:in erlebst du diese Bewusstseinsbildung fürs nachhaltige Stadtleben nicht gleich und unmittelbar. Aber während du gemächlich auf einem Leihrad durchs blühende Wien rollst, wirst du denken: „Hier will ich auch wohnen." Diese Lebensqualität kommt nicht von ungefähr.

to do

1 Auszeit im Fluss

Schnapp dir ein Leihrad an einer der rund 120 Stationen in der Stadt, pack einen Picknickkorb und mach dich auf zur Donauinsel. 21 km ist der Grünstreifen, der auch am Donaupark mit dem Donauturm vorbeiführt, lang – und du wirst jeden einzelnen lieben.

2 Ein neuer Blickwinkel

Wechsel mal die Perspektive und lern Wien ganz anders und ohne Klischees auf alternativen Stadttouren von Obdachlosen und Flüchtlingen kennen. INSIDER TIPP Rundgänge organisieren Shades Tours oder die Backstreet Guides.

3 Wien, Wandern und Wein

Schnür die Wanderstiefel: 240 km lang sind die Touren, die durch und um die Stadt führen (Karten in der App „Stadt Wien"). Besonders beliebt ist der Stadtwanderweg 1 (Start bei Straßenbahn D, Endstation Nußdorf, Beethovengang): Durch Weinberge geht es zum Kahlenberg, dem höchsten Punkt der Stadt – mit einer Top-Aussicht!

to see

4 Café Jelinek

Was musst du auf jeden Fall in Wien gesehen haben? Na klar, das Innere eines Kaffehauses. Das Café Jelinek ist etwas verschroben und angestaubt – aber genau so soll es sein! Mit dem ersten Schluck Milchkaffee kommst du jedenfalls so richtig in der Hauptstadt an.

5 Schloss Schönbrunn

Die Sommerresidenz der Habsburger, auch „Österreichs Versailles" genannt, ist neben Stephansdom und Belvedere Wiens Hauptattraktion. Auf keinen Fall verpassen darfst du einen Rundgang durch den wunderschönen Schlosspark mit Palmenhaus, Heckenlabyrinth und Tiergarten.

6 Prater

Diese fast 15 km lange, von Altwasserarmen durchzogene Wald- und Wiesenlandschaft ist seit 1766 Erholungsgebiet der Wiener:innen. Im Westen liegt der Volks- oder Wurstelprater mit altmodischen Geisterbahnen, Schießbuden, Lachkabinetten und dem legendären Riesenrad.

WIEN

Bundesland: Wien
Einwohner: 2 Mio.
Anreise: Sämtliche Fernzüge aus Europa halten am Wiener Hauptbahnhof.
Vor Ort unterwegs: Das öffentliche Verkehrsnetz ist hervorragend, Infos gibt's in der Linien-App „WienMobil". Erkunde die Stadt in einem Fiaker, einer der vielen Pferdekutschen.
Mehr Infos: wien.info

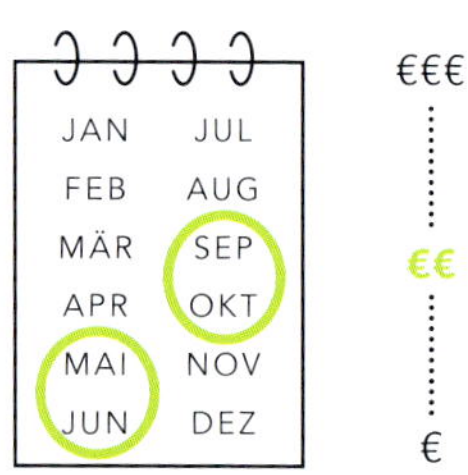

BESTE REISEZEIT

BUDGET SKALA

Wien, Wandern und Wein

„Nußdorf ist ein sehr schönes, großes und wohlgebautes Dorf", heißt es in einer Chronik aus dem 18. Jh. Charmant ist der Ort immer noch – und den Wein gibt's dazu.

Schloss Hartenfels spielte eine wichtige Rolle in der Reformation, ist aber auch ein Märchenschloss: 1970 wurde hier der Film „Dornröschen“ gedreht.

Was eine gelbe, gebogene Südfrucht mit dem nördlichen Sachsen zu tun hat und wieso es sich lohnt, die Überbleibsel des Braunkohletagebaus zu erkunden – auf in eine noch unentdeckte Ecke Deutschlands!

NORDSACHSEN

11

Mal ehrlich: Große Städte sind toll, aber manchmal wird zu viel Metropole einfach anstrengend, eng, laut. Wie gut, dass es die Banane gibt! Hä? So wird der sichelförmige Landkreis, der sich über Leipzig biegt, umgangssprachlich genannt. Offiziell heißt das Gebiet Nordsachsen. Zum Glück hat es sich noch nicht überall herumgesprochen, wie schön es hier ist. Und so findest du statt „anstrengend, eng, laut" viele noch unentdeckte Freiräume, Kulturschätze, Heidewälder, Naturwunder und Flüsse. Durch die Dahlener Heide, den Wermsdorfer Wald, den Naturpark Dübener Heide und die artenreichen Auenlandschaften an Elbe und Mulde mäanderst du gemächlich auf unzähligen Wander- und Radwegen. Wer richtig viele Kilometer machen möchte, kommt auf Fernradwegen auf Touren, zum Beispiel auf dem Elsterradweg, Mulderadweg, Elberadweg oder dem Radweg Berlin–Leipzig. Und überall findest du architektonische Schmuckstücke: elegant wie die St.-Aegidien-Kirche in Oschatz oder opulent wie das Delitzscher Barockschloss. Dann prägen wieder weitläufige Seenlandschaften das Bild, wo früher Braunkohle abgebaggert wurde. Und wenn du doch das Großstädtische vermissen solltest – Leipzig ist nah!

Unentdeckte Freiräume

to do

to see

1 Ab ins Moor

Es löst Verspannungen und senkt den Blutdruck: Moor lockert stressgeplagte Menschen prima auf. Auf dem Moorerlebnispfad der Kurstadt Bad Düben relaxen deine Füße im Moortretbecken mit uralten Pflanzenheilkräften. Oder du nimmst in einem Wellnesshotel gleich ein Moorvollbad.

2 Auf den Sattel

Immer am Fluss entlang, durch Felder, Auen und Wiesen. Und manchmal geht's mit der Fähre übers Wasser. Der Mulderadweg führt durch wunderschöne Natur und begeistert mit kulturhistorischen Perlen. Freue dich auf alte Städte, Dörfer, Burgen, Schlösser und Klöster.

3 Stilvoll schwimmen

Sommerfrische wie anno 1830! Am Biedermeierstrand am Schladitzer See kannst du dich an der Naturidylle erfreuen, baden und im Sommer das Kulturprogramm auf der großen Seebühne genießen, wie etwa Musicals, Theater, Klassik- oder Folkmusikkonzerte.

4 Mühlenregion

Bockwind-, Holländer-, Wasser- und Motormühlen: Nördlich von Leipzig faszinieren mehr als 25 historische Mühlen. Die älteste ist die Obermühle in Bad Düben aus dem 15. Jh. **INSIDER TIPP** Bei Veranstaltungen kannst du miterleben, was Mühlen früher alles geschafft haben.

5 Schloss Hartenfels

Achtung Promialarm! Martin Luther, Lucas Cranach, Zar Peter I. und Napoleon haben hier alle ihre Spuren hinterlassen. Ganz viel Geschichte, prachtvolle Räume und ein Gehege mit echten Bären machen das Renaissanceschloss in Torgau zur VIP-Sache.

6 Wermsdorf

Der staatlich anerkannte Erholungsort ist von Wald, Teichen und Seen umgeben. Unbedingt besichtigen: Schloss Hubertusburg, das im 18. Jh. zu den größten Schlössern Europas zählte. Und dann noch ein Abstecher zur 1000-jährigen Linde bei der Kirche in Collm.

NORDSACHSEN

Bundesland: Sachsen
Einwohner: 200 000
Anreise: Von Leipzig mit Regionalzug oder S-Bahn in rund 20 Min. nach Delitzsch, mit dem Zug in einer Stunde nach Torgau
Vor Ort unterwegs: Mit S-Bahn, Zug, Tram, Bus und Rufbus „Flexa", www.nordsachsen-mobil.de
Mehr Infos: landkreis-nordsachsen.de

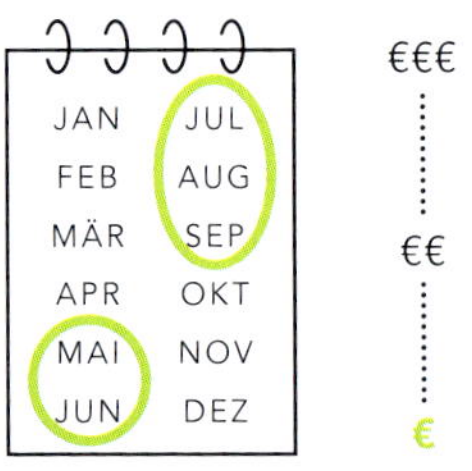

BESTE REISEZEIT

BUDGET SKALA

Wenn der Wind die Arbeit macht: Bockwindmühlen, wie du sie auch in Nordsachsen findest, sind die ältesten Windmühlentypen Europas.

Leg doch mal die Smartphone-Kamera beiseite und greif zum Stift: Das Urban Sketching schafft Erinnerungen der ganz besonderen Art.

Jodeln, schauspielern oder malen – für immer mehr Menschen steht nicht mehr das Abhaken von Sehenswürdigkeiten im Mittelpunkt ihrer Reise, sondern der Wunsch, sich persönlich weiterzuentwickeln.

TREND: URLAUB MIT FLOW-FAKTOR

12

Tschüss Computer, ich bin dann mal weg! Und das Smartphone darf im Flugmodus schlummern. Denn jetzt heißt es anpacken, mit den Händen arbeiten, den Geist beleben und über sich hinauswachsen. Vorbei sind die faulen Fläz-Ferien – kreativ sein im Urlaub wird immer beliebter. Kein Wunder: Wenn wir in einer Tätigkeit völlig aufgehen und alles um uns herum vergessen, sprechen Fachleute vom „Flow". Ein Gefühl, das Menschen besonders zufrieden und glücklich macht. Wer mit allen Sinnen gefordert ist, hilft dem Geist, ganz im Moment zu sein. Das wirkt sich wiederum auf den Körper aus – die Muskeln entspannen sich, der Atem wird ruhig. Das Beste, was einem im Urlaub passieren kann! Besonders schön ist es, wenn wir in einer Gruppe Gleichgesinnter ein Hobby vertiefen oder ganz neue Dinge entdecken. Warum nicht mal als introvertierter Mensch einen Kurs in Schauspielimprovisation wagen? Oder als ungeduldige Person gaaanz langsam im Goldschmiedeworkshop einen Ring in Form klöpfeln? Regionales, traditionelles Kunsthandwerk zu erlernen, macht nicht nur Laune, sondern bringt dich ganz nah an die jeweilige Kultur heran. Und wer aus voller Kehle mit anderen singt oder jodelt, der nimmt dieses tolle, befreiende Gefühl auch in den Alltag mit.

Ganz im Moment sein

top Ideen

1 Wilde Pflanzenkraft

„Ich geh mal kurz auf die Wiese und hol uns was fürs Abendessen!" Wer einen der zahlreichen Wildpflanzensammelkurse inklusive Verkostung besucht, will nicht mehr in den Supermarkt. Brennesselquiche, Knoblauchraukenpesto oder Gierschsuppe schmecken einfach zu lecker.

2 Altes Handwerk

Viele Freiluftmuseen bieten Kurse in toller historischer Atmosphäre an. Etwa Hüte machen oder Brot backen im fränkischen Bad Windsheim, Weidenkörbe flechten auf dem Schwarzwälder Vogtsbauernhof oder Messer schmieden wie in der Eisenzeit im österreichischen Asparn an der Zaya.

3 Urban Sketching

Von Bremen bis zum Bodensee: Bei Urban-Sketching-Kursen lernst du, mit schnellem Strich Häuser, Menschen und Landschaften zu zeichnen. Eine coole Alternative zur Kamera! **INSIDER TIPP** Und danach auf zu einem der weltweiten Zeichentreffs der Urban Sketchers (urbansketchers.org).

4 Jodeln

Holleri du dödl di. Loriots „Jodeldiplom" ist kein Witz! Gesangslehrer:innen bringen dir in den schönsten Berglandschaften Bayerns, Österreichs und der Schweiz Kehlkopfüberschlag und Juchzer bei. Pure Lebensfreude und riesiger Spaß in einem! Juhuhuhuuuuu!

5 Künstlerdörfer

Murnau im „Blauen Land", Worpswede im Teufelsmoor oder Ahrenshoop an der Ostsee zogen schon im 19. Jh. Künstler:innen an. Seit den 1960er-Jahren inspiriert das österreichische Neumarkt an der Raab. Kreative Kurse sind an Orten wie diesen besonders beflügelnd.

6 Mit Kamera und Wanderschuh

Glutrote Sonnenuntergänge, perlende Wasserfälle, alte Almhütten oder märchenhafte Wälder: In dieser Umgebung wird jedes Foto ein Supershot! Fotowanderkurse bringen dich zu den schönsten Motiven – und du lernst alles über das perfekte Bild.

URLAUB MIT FLOW-FAKTOR

Musizieren oder meditieren, entdecken, dass sich in einem Stein eine Skulptur verbirgt, oder die Geheimnisse der Thüringer Küche ergründen – es gibt nichts, was es im Bereich der Kreativreisen nicht gibt. Unter diesem Stichwort finden sich auch unzählige Angebote im Internet. Daher sollen an dieser Stelle auch keine Empfehlungen ausgesprochen werden. Außer: Tu's einfach!

Sieh die Welt mit den Augen anderer

Achtung, Nebenwirkung: Wer lernt, welche Wildpflanzen essbar sind und wo man sie findet, will nicht mehr im Supermarkt einkaufen.

Wenn ein Schaufenster zum Schau-Fenster wird: Beim „Walk of Görliwood" begegnet man Filmträumen wie „The Grand Budapest Hotel".

13

GÖRLITZ

Ein echter Geheimtipp ist Deutschlands östlichste Stadt nicht, dafür war sie schon in zu vielen Kinofilmen zu sehen. Aber 2025 stehen gleich zwei Jubiläen an – Grund genug, hinzureisen.

In Windeseile breitet sich der Brand aus. Der Bäcker in der Neißegasse versucht noch zu löschen, aber keine Chance. Beim großen Görlitzer Stadtbrand von 1525 wird knapp ein Drittel der Bebauung zerstört. Das Backstubenunglück wühlt die Menschen auf. Doch die Feuersbrunst bedeutet auch einen Neuanfang: Heute gilt die Stadt an der Neiße als das größte zusammenhängende Flächendenkmal in Deutschland – mit historischen Gebäuden aus ganz unterschiedlichen Epochen. 2025 feiert Görlitz aber nicht nur den architektonischen Aufbruch vor 500 Jahren, sondern auch den 450. Geburtstag eines berühmten Bürgers: Jacob Böhme war ein Schuhmacher, der als Mystiker und Theosoph inspirierte – und von der Kirche als Ketzer verfolgt wurde. Wer zum ersten Mal hier ist, erlebt womöglich auch das eine oder andere Déjà-vu. Denn über 120 Filme wurden schon in „Görliwood" gedreht. Promis wie Kate Winslet oder George Clooney schlenderten durch die alten Gassen. Und über eine Fußgängerbrücke geht's in der „Europastadt Görlitz/Zgorzelec" ganz easy ins polnische Nachbarstädtchen.

to do

to see

1 Ab ins Wasser!

Im früheren Braunkohlerevier glitzert heute der Berzdorfer See. Von Mai bis Oktober ist Badesaison – INSIDER TIPP und der Verleih für Stand-up-Paddel-Boards und Schlauchboote geöffnet. Mit der Buslinie E geht es von Görlitz aus in 20 Minuten zu den sonnigen Sandstränden.

2 Kinofeeling

Auf dem Themenweg „Walk of Görliwood“ oder bei Stadtführungen bist du den Stars ganz nah. Denn du entdeckst in der malerischen Altstadt die Drehorte für oscarprämierte Filme wie „Inglourious Basterds“ oder „Fabian oder Der Gang vor die Hunde“ nach Erich Kästner.

3 Landeskrone

Was nach königlicher Kopfbedeckung klingt, ist in Wahrheit der 420-m-Hausberg von Görlitz. Das Hinaufschnaufen lohnt sich, denn der Rundblick auf die Stadt, den Berzdorfer See und – bei guter Sicht – das majestätische Riesengebirge ist einfach fürstlich.

4 Architekturschätze

Lust auf eine kleine Zeitreise? Dann spazier zu den mittelalterlichen Tuchmacherhäusern, nimm ein bisschen Renaissance mit, schwelge in Barock, Jugendstil und Gründerzeit. In der Neiße-Stadt erlebst du 500 Jahre Baugeschichte hautnah, mal in Form von Finstertor und Scharfrichterhaus, mal in der Straßburg-Passage oder der Ratsapotheke.

5 Meridianstein

Kurzer Uhrenvergleich: Wer an der steinernen Erdkugel im Stadtpark steht, befindet sich auf dem 15. Längengrad östlich von Greenwich. Görlitz ist somit die einzige deutsche Stadt, in der die Sonne genau um 12 Uhr ihren höchsten Stand erreicht.

6 Schlesisches Museum

Görlitz und Umgebung liegen im uralten Landstrich Schlesien, der heute überwiegend zu Polen gehört. Im altehrwürdigen Schönhof werden 1000 Jahre Kulturgeschichte und die wechselvolle schlesische Geschichte lebendig.

GÖRLITZ

Bundesland: Sachsen
Einwohner: 57 000
Anreise: Mit dem ICE nach Dresden, weiter mit der Länderbahn (TLX)
Vor Ort unterwegs: Mit Bus und Tram (goerlitztakt.de). Buslinie A fährt grenzüberschreitend in das Zgorzelecer Stadtgebiet.
Mehr Infos: goerlitz.de, jacob-boehme-goerlitz.com

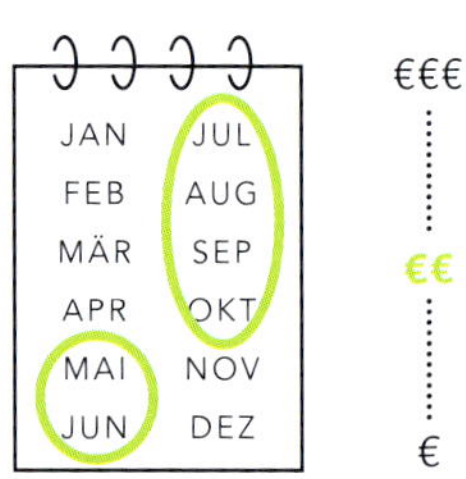

BESTE REISEZEIT BUDGET SKALA

Rosarotes Drama am Himmel, prachtvolle Architektur am Boden: Wer durch Görlitz schlendert, flaniert auch durch die Jahrhunderte.

Lust auf eine Zeitreise?

14

HELGOLAND

Natürlich kann man Helgoland besuchen, weil hier gerade ein neues, interaktives Meeresmuseum entsteht. Doch auch die TV-Serie „Helgoland 513“ macht neugierig auf Deutschlands einzige Hochseeinsel.

Nase an Flosse von Klippenbarsch und Nagelrochen: Deutschlands einzige Hochseeinsel wird um eine Attraktion reicher. Das alte Aquarium macht Platz für das neue, 600 m² große interaktive Meeresmuseum „Bluehouse". Das Herzstück wird ein Riesenaquarium, das rund 80 000 l fasst und die typische Tier- und Pflanzenwelt des Helgoländer Felssockels zeigt. Mitmachstationen und Projektionen lassen Besucher:innen ins Ökosystem der Insel abtauchen. Wer das rote Felsmassiv in der Nordsee thronen sieht, ahnt nicht, dass es einst fast gänzlich weggesprengt worden wäre. Das NS-Regime machte im Zweiten Weltkrieg aus dem Seebad einen Militärstützpunkt. Die Folge: Briten bombardierten 1945 die Insel und jagten zwei Jahre später in der größten nicht nuklearen Sprengung die dortigen Militäranlagen mit 6700 t Munition in die Luft. Die evakuierten Inselbewohner:innen konnten erst 1952 wieder zurück, der Wiederaufbau gelang. Heute gilt Helgoland für viele als das perfekte Eiland – mit rot-weißem Leuchtturm, Strandkörben, bunten Holzhütten und Krabbenbrötchen.

to do

to see

1 Stranderholung

Insulaner und Touristen:innen lieben ihre karibische „Düne" mit weißem Sand und türkisfarbenen Wellen. Diese Nebeninsel Helgolands löste sich 1721 bei einer Sturmflut ab. **INSIDER TIPP** Am Nordstrand verbringst du im Schlafstrandkorb eine unvergessliche Nacht mit Meeresrauschen.

2 Duty-free-Shoppen

Früher kamen die Butterfahrten, heute die Schnäppchenjäger. Denn auf der Insel kaufst du Alkohol, Parfüm, Mode, Uhren, Schmuck, Zigaretten und mehr zoll- und mehrwertsteuerfrei ein. Die Sonderregelung haben die Engländer eingeführt, denen die Insel von 1807 bis 1890 gehörte.

3 Spritztour mit Börtebooten

Die 10 m langen Holzbötchen gehören seit 2018 zum Immateriellen Kulturerbe der Unesco. Von April bis Ende September erlebst du die Inselhighlights bei Rundfahrten aus der Wasserperspektive. Ganz dicht kommst du dabei an die rote Felsnadel „Lange Anna" ran.

4 Kliffweg Oberland

Du hast die Wahl: entweder bis zu 260 Treppenstufen oder den skurrilen Aufzug durch den Berg nehmen. Dieser führt vom „Unterland" mit den schnuckeligen Hummerbuden zum „Oberland", dem grünen Herzen der Insel. Auf dem Kliffweg genießt du einen tollen Panoramablick.

5 Wildlife-Watching

An Juniabenden springen die Jungvögel der Trottellummen vom „Lummenfelsen" 40 m tief ins Meer, wo sie von ihren Eltern versorgt werden. Nur durch einen Metallzaun getrennt, erspähst du von November bis Januar auf der „Düne" die Geburt von Seehund- und Kegelrobbenbabys.

6 Museum Helgoland

Seeräubernest, Schmugglerparadies, Seebad und Spielball der Seemächte: Die wechselvolle Geschichte Helgolands siehst du in Dauer- und Sonderschauen. In einer nachgebauten typischen Hummerbude gibt es auch eine Ausstellung zum Autor und gebürtigen Insulaner James Krüss.

HELGOLAND

Bundesland: Schleswig-Holstein
Einwohner: 1450
Anreise: Immer per Schiff, etwa von Cuxhaven mit der Fähre (150 Min.) oder dem Katamaran (75 Min.)
Vor Ort unterwegs: Zu Fuß, mit E-Taxis, Inselbahn, Dünenfähre, Börteboot; helgoland.de/mobil-vor-ort, helgolandbahn.de
Mehr Infos: helgoland.de

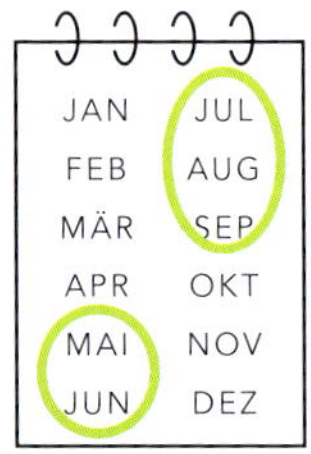

BESTE REISEZEIT

€€€
€€
€

BUDGET SKALA

Das perfekte Eiland

Rot-weißer Leuchtturm, bunte Strandkörbe und das Rauschen der Wellen: Die sogenannte Düne ist Helgolands Badeparadies.

Ein Novum bei den World University Games: Erstmals treten auch Para-Sportler:innen an – beim Rollstuhlbasketball im Düsseldorfer Arena Sport-Park.

20|
25!

Olympische Sommerspiele?
Gibt's erst wieder 2028 im fernen L.A.
2025 kann man nur im Ruhrgebiet
Ähnliches erleben, während man die
Highlights der Region erkundet.

RHINE-RUHR 2025 FISU WORLD UNIVERSITY GAMES

15

Fast 40 Jahre ist es her, dass die Sommer-Universiade in Duisburg stattfand. Seit 1989 hat sich viel verändert, nicht zuletzt heißt auch die Universiade nicht mehr so. Mittlerweile versammeln sich die rund 10000 Sportler:innen und Offiziellen aus 170 Nationen alle vier (ungeraden) Jahre unter dem Namen World University Games zum friedlichen und fairen Wettkampf. 2025 ist die Metropolregion Rhein-Ruhr Austragungsort, die 21 Sportanlagen, in denen es vom 16. bis 27. Juli hochschulsportlich zur Sache geht, stehen in Duisburg, Bochum, Essen, Mülheim an der Ruhr und Düsseldorf. Dabei dreht sich nicht alles um die Ergebnisse in den 18 Sportarten – von 3-gegen-3-Basketball bis Wasserspringen –, die Städte wollen als gute Gastgeber auch den Begegnungen der Menschen viel Raum geben. So wird die Region, die für ihre industrielle Geschichte bekannt ist, zum Hotspot für junge Athlet:innen aus aller Welt. Wer also schon immer mal das Ruhrgebiet und das Rheinland erkunden wollte, kann 2025 seinen Besuch in der Zeche Zollverein in Essen oder auf der Königsallee in Düsseldorf mit einer ganz besonderen Sport-Schau verbinden. Immerhin sind nur die Olympischen Spiele noch größer als die World University Games.

Olympia im Uni-Format

top spots

1 In die Tiefe
Wie fühlen sich Kumpel bei der Arbeit? Als hätten sie einen Berg auf den Schultern. Selber spüren kannst du das Gefühl der Enge unter Tage im Anschauungsbergwerk des Deutschen Bergbau-Museums in Bochum, dem größten der Welt.

2 In die Höhe
Erst mal einen Überblick verschaffen: Von der Aussichtsplattform des Rheinturms in 168 m Höhe liegen dir Düsseldorfer Highlights wie der Medienhafen, die Altstadt oder der Hofgarten zu Füßen. Zurück auf dem Boden, kannst du auf der exklusiven „Kö" den Umsatz deiner Kreditkarte in die Höhe treiben.

3 Aufs Wasser
Lauschig liegt der Wasserbahnhof von Mülheim an der Ruhr auf der Schleuseninsel. Hier legen die Schiffe der Weißen Flotte ab, um durchs schöne Ruhrtal nach Essen-Kettwig zu schippern. INSIDER TIPP Weißt du, was virtuelles Wasser ist? Erfährst du im interaktiven Aquarius-Wassermuseum.

4 In die Industrienatur
Laut brummt die Hummel am Hochofen vorbei, an Gebläse- und Gießhalle. Sie ist hier zu Hause, im Landschaftspark Duisburg-Nord. Seit 1985 holt sich die Natur das 180 ha große Hochofenwerkgelände zurück. Grün trifft auf Rost trifft auf Freizeit und Events – bloß nicht verpassen!

5 In die Villa
So lebte also die Industriellenfamilie Krupp: in den 399 Räumen der 8100 m² großen Villa Hügel in Essen, aufgeteilt auf zwei Häuser in einem 28 ha großen Park. 1873 zogen die Krupps ein, unzählige Persönlichkeiten aus Adel, Kultur und Politik waren zu Gast. Mund zu, Augen auf!

6 Auf die Strecke
Rund 400 km lang ist die Route der Industriekultur, die kreuz und quer durchs Ruhrgebiet führt, vorbei an 56 Hauptattraktionen. Folge ihr mit dem Auto – oder dem Fahrrad auf 700 km Radwegen – mitten hinein in die Zeit der rauchenden Schlote und fauchenden Hochöfen.

RHINE-RUHR WORLD UNIVERSITY GAMES

Bundesland: Nordrhein-Westfalen
Einwohner Ruhrgebiet: 5,1 Mio.
Anreise: Duisburg, Bochum, Essen, Mülheim an der Ruhr und Düsseldorf sind alle mit dem Zug erreichbar.
Vor Ort unterwegs: Der Verkehrsverbund Rhein-Ruhr (VRR) bedient die Region. Das eezy-Ticket in der VRR-App ist überall nutzbar.
Mehr Infos: rhineruhr2025.com

JAN	JUL
FEB	AUG
MÄR	SEP
APR	OKT
MAI	NOV
JUN	DEZ

BESTE REISEZEIT

€€€
€€
€

BUDGET SKALA

Die Welt trifft sich im Ruhrgebiet

Auf die Plätze, fertig, los! Oder besser: Ready, set, go! Schließlich nehmen an den World University Games 170 Nationen teil.

15 x EUROPA

NORDLICHTER
14
GLASGOW
7
VILNIUS
9
2
URLAUB AUF DEM HAUSBOOT
WALES
15
10
LÜTTICH
NOVA GORICA/ GORIZIA
4
20 25!
VIA TRANSILVANICA
1
NORD-MAZEDONIEN
12
RIOJA
13
HEILIGES JAHR
11
20 25!
LA MADDALENA
8
5
THESSALONIKI
6
BLUE ZONES
3
ANTIPAROS

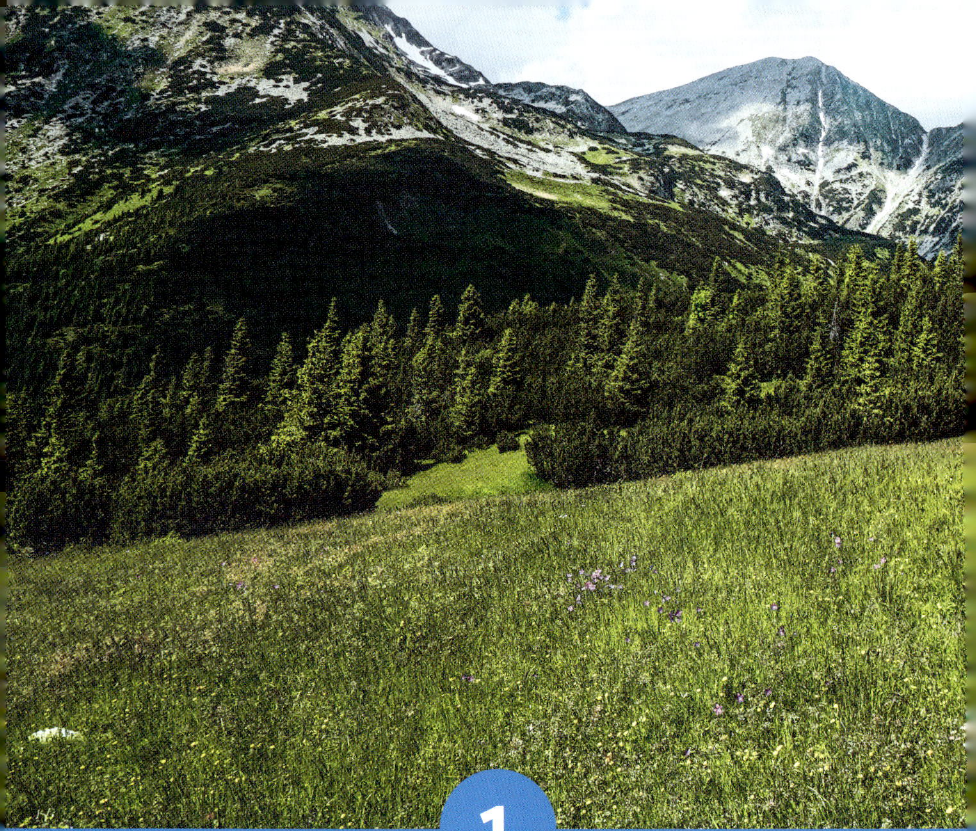

1

VIA TRANSILVANICA

Einmal der Länge nach durch Rumänien und die Karpaten! Der 1428 km lange markierte Fernwanderweg macht's möglich. Hast du genug Zeit und Puste? Dann wag dich an den Thru-hike!

Für den jüngsten europäischen Weitwanderweg braucht man ein bisschen Zeit. Ansonsten ist alles ganz einfach: immer der Nase nach!

Nachhaltiger als zu Fuß kann man kaum unterwegs sein – und der Wandertourismus rettet hier obendrein ganze Landstriche vor dem Aussterben. Der Trail, den eine NGO zusammen mit Tausenden Freiwilligen in nur wenigen Jahren erschlossen hat, führt durch sieben rumänische Regionen, von der Bukovina bis ins Banat und in die Pannonische Tiefebene. „Der Weg, der verbindet" lautet der Beiname der Via Transilvanica. Gemeint sind nicht die zwölf Unesco-Stätten am Wegesrand, sondern die unterschiedlichen Kulturen, die durchwandert werden. Verbunden hat der Trail aber auch die Rumän:innen selbst: Das Trailbuilding war nur deshalb in so kurzer Zeit möglich, weil sich von Schauspieler:innen bis zu Umweltaktivist:innen die gesamte Bandbreite der rumänischen Gesellschaft dafür eingesetzt und die nötigen Mittel eingeworben hat. Entsprechend stolz ist man auf den allerersten rumänischen Fernwanderweg und nimmt schon mal die individuell designten Stelen aus Vulkanstein, die jeden einzelnen Kilometer markieren, zum Anlass, von der längsten Kunstgalerie der Welt zu sprechen.

to do

to see

1 Floating im Salzsee

Ocna Sibiului hieß einst Salzburg. Vom Salzabbau übrig geblieben sind mehrere kleine Seen, einer davon mit einem höheren Salzgehalt als das Tote Meer. Untergehen also unmöglich, Floaten ist angesagt! Das Areal ist rustikal geblieben und ein echter Geheimtipp.

2 Bunt bemalte Klöster

In Putna am nördlichen Trailende steht das gleichnamige, berühmteste aller Moldauklöster, auch die Klöster Sucevița und Moldovița sind nicht weit vom Trail entfernt. Das Besondere: Die Klosterkirchen sind von außen mit allerhand historischen und biblischen Szenen bemalt – Klöster wie kunterbunte Bilderbücher.

3 Roadtrip für Schwindelfreie

Spektakulär auf 2000 m schneidet die Transfăgărășan durch den südlichen Karpatenbogen. Die 154 km ergeben die zweithöchste asphaltierte Straße Rumäniens! Sie ist allerdings nur zwischen Ende Juli und Oktober befahrbar.

4 Biertan

Siebenbürgen ist für seine Wehrkirchen berühmt, aber die von Biertan, Unesco-Welterbe seit 1993, stellt alle anderen in den Schatten. Befestigt wurde sie im 15. Jh., um dem anrückenden osmanischen Heer standzuhalten – erfolgreich!

5 Sighișoara

Das historische Zentrum des ehemaligen Schäßburg liegt so lauschig auf einem Hügel, dass es 1999 zum Welterbe erklärt wurde. Angeblich soll Vlad Dracul, Bram Stokers Vorbild für Dracula, hier geboren sein. **INSIDER TIPP** Das „Wanderer" zu Füßen der Altstadt bietet eine zeitgemäße Speisekarte und acht liebevoll modernisierte Doppelzimmer.

6 Salzbergwerk Turda

Abkühlung erwünscht? In den alten Salzstollen hat es konstant zehn bis zwölf Grad! Wobei „Stollen" untertrieben ist: Höhlenartige Kathedralen sind es, spektakulär zum Museum ausgebaut. Nicht direkt am Trail, aber gut auf der Anreise erreichbar.

VIA TRANSILVANICA

Land: Rumänien
Sprache: Rumänisch
Einwohner: 18 Mio.
Währung: Leu
Anreise: Mit dem Nachtzug „Dacia-Express" D347 ab Wien über Sighișoara oder mit dem Euronight 40457 ab Berlin nach Budapest, dort anderntags weiter Richtung Bukarest
Mehr Infos: viatransilvanica.com

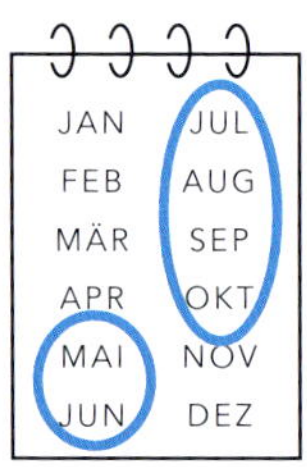

BESTE REISEZEIT

€€€
€€
€

BUDGET SKALA

Klöster wie kunterbunte Bilderbücher

An der Klosterkirche Moldovița ist nicht nur Heiliges dargestellt, sondern (außen) auch die Belagerung von Konstantinopel.

Ziemlich sicher die schönste Passstraße der Welt: die Transfăgărășan oder Transfogarascher Hochstraße mitten durch den Karpatenbogen

Einfach ganz entspannt schippern! Ruhige Flüsschen wie die Vecht in den Niederlanden eignen sich perfekt für Einsteiger:innen, die das Leben auf dem Hausboot ausprobieren wollen.

Auf dem Wasser ist das Leben einfach cooler! Ganz ohne Bootsführerschein heißt es auf vielen Kanälen, Seen oder Flüssen in Europa: „Leinen los". Wer nicht ablegen will, chillt auf lässigen Floating Homes.

TREND: URLAUB AUF DEM HAUSBOOT

2

Du denkst, Urlaub auf dem Hausboot ist nur was für Rentner mit Anglerhut und Fernglas? Zeit, die Luken neu zu justieren! Denn an Bord geht es den ganzen Tag um Teamwork, ob mit Freund:innen oder der ganzen Familie. Anlegen, Schleusen passieren, gemeinsam kochen und einfach die Freiheit auf dem Wasser genießen. Langweilig wird es bestimmt nicht. Schon gar nicht, wenn du Klassiker wie die Mecklenburgische Seenplatte links liegen lässt und mit dem Hausboot ins Herz von Großstädten wie Venedig oder Rotterdam schipperst. Stell dir vor, du schlürfst deinen Morgenkaffee an Deck, während die Tourist:innen in Gondeln an dir vorbeigleiten. Oder liebst du die Natur? Dann probier neue Reviere wie Masuren oder Portugal aus! Schließlich gibt es viele Gegenden in Europa, in denen Freizeitkapitäne ohne Bootsführerschein über Flüsse und Kanäle schippern dürfen. Tipp: Fahrräder mitnehmen und zu den Weingütern im ungarischen Tokaj radeln oder in den Niederlanden von Mühle zu Mühle. Du möchtest lieber vor Anker liegen? Dann buch ein festliegendes Hausboot, zum Beispiel in den Grachten von Amsterdam. Aber Vorsicht: Hier kann es auch schaukeln!

Zeit, die Luken neu zu justieren!

top spots

1 Masuren, Polen

In der Seenlandschaft südöstlich von Danzig findest du mit dem Hausboot einsame Plätzchen zum Ankern und Baden. Törns zwischen vier und 14 Tagen führen über Seen und Kanäle vorbei an Herrenhäusern zu hübschen Dörfchen. Los geht's beispielsweise im quirligen Lötzen.

2 Tokaj, Ungarn

Führerscheinfrei durch die Weinberge schippern, abends mitten in der Natur anlegen und Süßwein genießen – der Nordosten Ungarns gilt unter Hausboot-Fahrer:innen noch als Geheimtipp. Auf den Flüssen Theiß und Bodrog ist wenig Verkehr, dafür sorgen leichte Strömungen für Herausforderungen.

3 Venetien, Italien

Für die Lagune von Venedig solltest du etwas Erfahrung mitbringen, denn rund um „La Serenissima" herrscht reger Bootsverkehr. Traumhaft schön ist der Brenta-Kanal mit seinen Villen. INSIDER TIPP Anfänger:innen sind im Friaul gut aufgehoben.

4 Grande Lago de Alqueva, Portugal

Baden, Wasserski oder Wakeboarden – im Süden Portugals scheint die Sonne das ganze Jahr über! Der riesige Stausee eignet sich perfekt für Hausboot-Einsteiger:innen. Hier gibt es keine Schleusen und kaum Strömungen. Dafür aber köstliche mediterrane Küche.

5 Flandern, Belgien

Du möchtest Hausboot-Urlaub erst mal ausprobieren? Dann gleite ein Wochenende über die wenig befahrenen Kanäle zwischen Niewpoort und Ypern. Die Handvoll Schleusen und Brücken sind gut zu bewältigen, und abends gibt's in historischen Örtchen Pommes und belgisches Bier.

6 Floating Homes

Ohne ein einziges Mal abzulegen, kannst du in immer mehr Städten auf komfortablen Hausbooten übernachten. In Amsterdam oder Rotterdam lässt du dich im Floating Home in den Schlaf schaukeln und wohnst dabei mitten in der Stadt.

URLAUB AUF DEM HAUSBOOT

Preise: Bootsmiete ab etwa 1000 Euro/Woche, dazu kommen Versicherungen, Treibstoff und Extras wie Grill oder Fahrräder. Im Hafen fallen Liegegebühren an. Günstiger sind festliegende Floating Homes.
Boot: Bugstrahlruder sind gut für Anfänger:innen. Für jeden ein festes Bett einplanen und abendliches Umbauen vermeiden. Tipp: Handschuhe für An- und Ablegemanöver

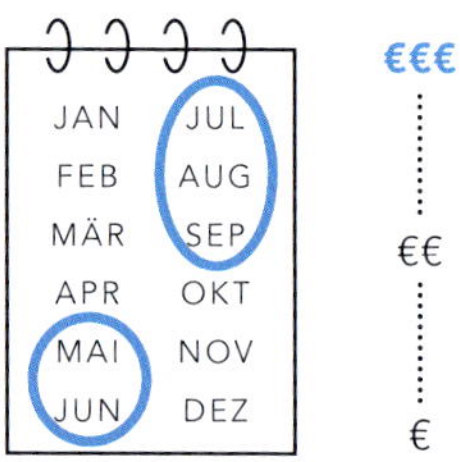

BESTE REISEZEIT

BUDGET SKALA

Italien verspricht Hausbooturlaub mit Stil: Auf dem Brenta-Kanal zwischen Venedig und Padua gleitest du an eleganten venezianischen Villen vorbei.

Strandkleid, Tote-Bag, Flipflops und Sonnenhut: Das ist der Dresscode für einen relaxten Bummel durch die Altstadtgassen der Chora.

Was ist besser als Ibiza, Santorin oder Mykonos? Antiparos! Zwar gibt es auch hier Promis und Nachtleben – aber alles ein paar Nummern kleiner. Kein Trubel, dafür viel Natur und leere Strände ohne Ende.

ANTIPAROS

3

Was Tom Hanks mit der kleinen Kykladeninsel zu tun hat? Seine Frau Rita Wilson verbrachte ihre Familienurlaube dort; 2004 kaufte der Schauspieler im Hinterland ein Grundstück und ließ eine Ferienvilla darauf bauen. Seitdem schaut im Sommer der eine oder andere Hollywood-Star auf Antiparos vorbei. Wer weiß, vielleicht sitzt Matthew McConaughey oder Angelina Jolie am Nebentisch ... So what? Die Insulaner:innen und ihre Stammgäste zeigen sich unbeeindruckt. Wehe, dass Antiparos hip wird! Außer im Juli und August ist man auf der gemütlichen Insel unter sich, und das kann auch gerne so bleiben. Einen Flughafen gibt's nicht, allerdings wird der Airport auf der Nachbarinsel Paros ausgebaut und eine „Mykonosation" befürchtet. Also, schnell noch hin! Antiparos ist nur 35 km^2 groß und im Nu erkundet. Sightseeing-Stress kommt nicht auf, denn es gibt nichts als kleine Dörfer, Felder, Berge und Naturbuchten mit Badestränden, die man meist für sich alleine hat, und das in Griechenland! Privatsphäre vom Feinsten! In Antiparos-Stadt dann das Kontrastprogramm: In der Hauptstraße kannst du herrlich Leute gucken, angefangen beim späten Frühstück in einer der Hafentavernen und bis weit in die Nacht in den Musikbars und Clubs.

Privatsphäre vom Feinsten

to do

1 Abhängen

Der flache „Baby Beach" und Psaraliki mit dem Fanari Beachclub samt Pool, Restaurant und Loungemusik (ab mittags Schatten!) sind vom Hauptort zu Fuß erreichbar. Mit Scooter lassen sich die unberührten Buchten im Südosten ansteuern. INSIDERTIPP Bester Sunset-Spot: die Terrasse des Sifneiko Café an der Westküste.

2 Abtauchen

Klare Sicht voraus! In der Unterwasserwelt warten Höhlen, Korallenriffe und zwei Wracks von 1884 und 2000 auf Taucher:innen. Bei „Blue Island Divers" kannst du in vier Tagen deinen Tauchschein machen und den Einstieg ins Freitauchen wagen.

3 Durchtanzen

Nachteulen können bis in die Morgenstunden feiern: Die Musikbars rund um den Dorfplatz (wie Lucky Luke und Doors) machen erst um 22 Uhr auf und sind bis 4 Uhr geöffnet. Danach geht's weiter im Dancing Club Mill (bis um 6 Uhr) oder im La Luna (rund um die Uhr).

to see

4 Chora (Altstadt)

Nicht nur die Instagrammer:innen genießen das Flair: Kopfsteinpflastergassen mit Straßencafés und Boutiquen. Von den schneeweißen Wohnhäusern und Kirchen heben sich blaue Türen, Fenster und Geländer sowie rote und pinke Bougainvilleen ab.

5 Antiparos-Höhle

411 Treppenstufen geht es hinunter in eine der größten Tropfsteinhöhlen Europas. Fun Facts: Einer der Stalagmiten ist schätzungsweise 45 Mio. Jahre alt, ein anderer diente 1673 in einer Weihnachtsmesse als Altar. Besser eine Jacke mitnehmen, denn drinnen sind es nur 15 Grad!

6 Nachbarinsel Despotiko

Vor dem Örtchen Agios Georgios liegt die unbewohnte Insel Despotiko. Captain Sargos bringt dich rüber zur (aktiven!) archäologischen Ausgrabungsstätte um einen rund 2500 Jahre alten Marmortempel, zu noch unberührten Stränden und Meeresgrotten.

ANTIPAROS

Land: Griechenland
Sprache: Griechisch
Einwohner: 1300
Anreise: Via Athen nach Paros fliegen (Aegean Airways, Sky Express) oder nonstop nach Mykonos (Discover Airlines) und mit der Fähre in 45 Min. nach Paros. Dann in 15 Min. mit der Fähre nach Antiparos übersetzen.
Mehr Infos: antiparos.gr/en

JAN	JUL
FEB	AUG
MÄR	SEP
APR	OKT
MAI	NOV
JUN	DEZ

BESTE REISEZEIT

€€€ – **€€** – €

BUDGET SKALA

Auch wenn im Sommer gerne mal Luxusjachten vor Anker liegen: Im einzigen Hafen von Antiparos dümpeln meist traditionelle Bötchen.

Ein Bummel in Görz durch die Via Rastello ist wie eine Zeitreise: In der mittelalterlichen Handelsstraße wird Geschichte lebendig.

20|
25.

Geschichte, Moderne und Völkerverständigung feiern Nova Gorica und Gorizia 2025 als grenzenlose Kulturhauptstadt auf die coole Art. Mit dabei sind natürlich auch die Weinregionen. Na dann, zum Wohl!

NOVA GORICA / GORIZIA

4

In der slowenisch-italienischen Doppelstadt Nova Gorica und Gorizia (dt. Görz) zwischen Triest, Venedig und Ljubljana wird 2025 das ganze Jahr über mit Musik, Kunst und Kultur gefeiert. „Borderless" heißt das Programm mit über 600 Events, das sich überwiegend auf dem Europaplatz im Zentrum abspielt. Die ehemaligen Zollämter hier sind nur noch Deko, denn seit Slowenien zur EU gehört, wird die Grenze einfach mit Blumenkübeln geschmückt. Die Stadt selbst könnte kaum gegensätzlicher sein. Gorizia, die Seele Friaul-Julisch Venetiens, wartet mit einer bunten Mischung aus italienischem Flair, österreichischer Geschichte und mediterranem Lifestyle auf. Und Nova Gorica? Ein modernes Style-Wunder mit grüner Architektur, das zeigt, wie hip das Leben auf der anderen Seite der Blumenkübel sein kann. Und als ob das nicht schon heiß genug wäre, hat die Gegend auch noch landschaftliche Schmankerl am Start. Der Soča-Fluss in Smaragdgrün schlängelt sich von den Alpen bis zum Meer, und die Weinberge des Collio und des Vipava-Tals laden zu edlen Tropfen zwischen alten Burgen ein. Check schon mal das Programm der Kulturhauptstadt und plan deinen Trip in den Süden!

Check schon mal das Programm

to do

to see

1 Action auf der Soča

Stürz dich ins Abenteuer auf der smaragdgrünen Soča mit ihren legendären Stromschnellen! Ob Wildwasser-Rafting, Kajakfahren oder Canyoning – der Fluss ist ein Mekka für Wassersportfans. INSIDER TIPP Am ruhigeren Unterlauf ist Fliegenfischen angesagt.

2 Wein genießen

Du liebst Wein? Dann ab ins slowenische Vipava-Tal oder ins italienische Hügelland Collio! Zwischen Weinbergen, Olivenhainen und unzähligen Burgen kannst du Weinkeller besichtigen, Winzer kennenlernen und in den traditionellen Buschenschänken Hausgemachtes genießen!

3 Paragliding mit Adriablick

Wage den Sprung und erlebe das Vipava-Tal aus der Vogelperspektive. Keine Vorkenntnisse im Paragliding nötig – nur etwas Mut, Wanderschuhe und windfeste Kleidung. Du schwebst im Tandemflug über die Karstlandschaften und blickst über die Alpen bis zur Adria.

4 Trg Evrope oder Piazza Transalpina

Hier schlägt das Herz der Doppelstadt! Der Europaplatz am Jugendstilbahnhof ist *das* Symbol für die europäische Einheit. Tipp: unbedingt ein Selfie am Mosaik des ehemaligen Grenzsteins machen!

5 Solkan-Brücke

Mit dem weltweit größten Steinbogen (85 m!) ist die denkmalgeschützte Eisenbahnbrücke nördlich der Stadt, die seit 1905 den Isonzo überspannt, ein echtes Monument der Ingenieurskunst. Der Top-Spot für alle, die coole Bauwerke und spektakuläre Fotos lieben!

6 Franziskanerkloster Kostanjevica

Hoch über Nova Gorica thront die Oase der Ruhe und Spiritualität. Erbaut im Jahr 1649, überlebte das Kloster viele Kriege und bewahrt bis heute wertvolle Kunst. Nicht verpassen: die Bourbonen-Gruft und die weltberühmte Sammlung von Bourbonrosen im Klosterpark.

NOVA GORICA / GORIZIA

Land: Slowenien/Italien
Sprache: Slowenisch/Italienisch
Einwohner: 13 000 (Nova Gorica), 34 000 (Görz)
Anreise: Mit dem Zug über Salzburg und Villach ins slowenische Jenice. Ab hier mit der Wocheinerbahn durch die Julischen Alpen nach Nova Gorica. Alternativ per Auto
Mehr Infos: go2025.eu

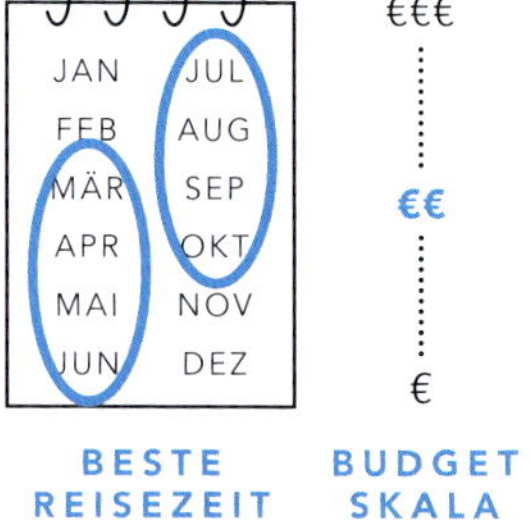

Volle Kraft voraus! Die wilde, blaugrüne Soča (in Italien der Isonzo) ist einer der beliebtesten Rafting-Flüsse in ganz Europa.

Ausgehen am Pier, während die Fähren einlaufen: Die Kitchen Bar liegt zwischen dem experimentellen Kunstzentrum MOMus und dem historischen Kran.

5

EUROPA

THESSALONIKI

Von Thessaloniki kennen viele nur den Flughafen. Selbst schuld! Insider wissen, dass die Multikulti-Stadt nicht nur viel Geschichte bereithält, sondern auch eine dynamische Kunst- und Kulturszene.

Die zweitgrößte Stadt Griechenlands braucht sich schon lange nicht mehr zu verstecken. Wie viel sich hier tut, spürt man nirgends so sehr wie an der New Waterfront, deren Grünflächen, Fußgänger- und Radwege perfekt zur Nachhaltigkeitsstrategie 2030 passen. Auf der neu angelegten Promenade spazierst du von der stylischen Konzerthalle durch Parkanlagen mit Springbrunnen und Skulpturen. Die fotogene Regenschirm-Installation wurde bereits 1997 errichtet, als Thessaloniki als Europäische Kulturhauptstadt glänzte. Die kulturellen Denkmäler und Unesco-Welterbestätten, die Museen und die kulinarische Szene der Stadt spiegeln die wechselvolle Vergangenheit der 315 v. Chr. vom makedonischen König gegründeten Stadt wider. Im Ausgehviertel Ladadika entstehen in Lagerhäusern und Hinterhöfen schicke Straßencafés und Bars, an der Uferstraße Terrassen mit Meerblick. Restaurants servieren einen Mix aus griechisch, türkisch und jüdisch. Als Tor zur Chalkidiki bietet sich Thessaloniki natürlich ebenfalls an. Vom Stadterlebnis zum Badeurlaub dauert es dann keine zwei Autostunden.

to do

to see

1 Immer am Wasser entlang

Neu ist relativ: Angelegt wurde die New Waterfront 2014 im Rahmen eines Wiederbelebungsplans. Vom Weißen Turm bis zur M2-Konzerthalle sind es 3,5 km. Mische dich unter die Einheimischen, die hier Rad fahren, joggen, rollerbladen, mit einem Eis in der Sonne schlendern und Straßenmusiker:innen lauschen.

2 Ausblicke genießen

Am höchsten Punkt der Stadt steht das Heptapyrgion, Teil der „Akropolis von Thessaloniki". Auf dem 76 m hohen OTE-Tower hat die rotierende Skyline Café-Bar bis spät geöffnet. Unten am Wasser geht's auf den 34 m hohen Weißen Turm von 1430. **INSIDER TIPP** Eine Hafenrundfahrt eröffnet andere Perspektiven auf die weißen Fassaden der Stadt.

3 Schlemmen

Die historisch gewachsene Vielfalt geht durch den Magen: Probier griechisches, türkisches und jüdisches Essen (beliebt: Streetfood und Late-Night-Snacks!) sowie Gebäck.

4 Museumsszene

Museen zu Olympia, Film, Archäologie, Basketball, Selfies: Da ist für jeden was dabei. Cool sind das stylische Museum für byzantinische Kultur, das Mazedonische Museum für zeitgenössische Kunst (MOMus) und das Technologiemuseum Noesis.

5 Ano Poli

Ano Poli, die Oberstadt, wurde vom großen Stadtbrand 1917 verschont. Beim Bummel durch die ruhigen Kopfsteinpflastergassen siehst du noch Häuser und Kirchen aus osmanischer Zeit in dörflicher Atmosphäre mit Cafés und der Stadtmauer vom Heptapyrgion bis ans Meer.

6 Nationalpark Axios-Delta

Ab ins Grüne! Westlich der Stadt liegt ein Flussdelta mit einem der wichtigsten Feuchtgebiete Europas. Im Axios/Loudias/Aliakmonas-Nationalpark leben Flamingos, Wildpferde, Wasserbüffel sowie 300 Vogelarten (im Herbst Zugvögel!). Malerisch sind die Holzhütten der Fischer und Muschelfarmer.

THESSALONIKI

Land: Griechenland
Sprache: Griechisch
Einwohner: 815 000
Anreise: In der Saison von April bis Oktober gibt es jede Menge Verbindungen mit Eurowings, Aegean Airways, Ryanair, Lufthansa, Austrian oder Swiss. In 1,5–2,5 Stunden bist du am Ziel!
Mehr Infos: thessaloniki.travel

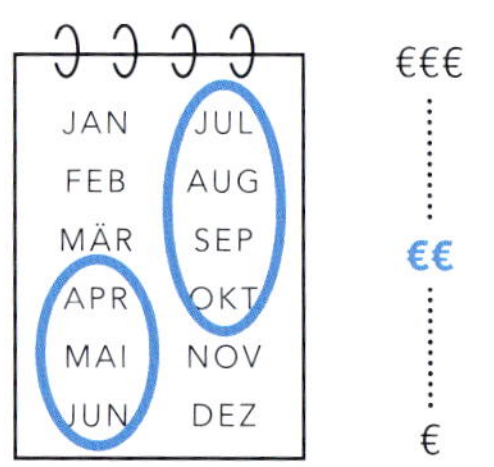

BESTE REISEZEIT

BUDGET SKALA

Wie viel sich hier tut, spürst du am besten an der New Waterfront

Die 40 Regenschirme auf 13 m hohen Stahlmasten, geschaffen von George Zongolopoulos zur Biennale 1995 in Venedig, werden nachts beleuchtet.

Die Gemeinschaft der Generationen ist einer der Grundpfeiler der Blue Zones. Auf Ikaria gehört dazu gemeinsames Tanzen auf dem Panigiri-Fest.

Wie kommt's, dass Menschen in den sogenannten Blue Zones wie Ikaria und Sardinien ein hohes Alter erreichen? Durch viel Bewegung, soziale Netzwerke und gesunde Ernährung!

BLUE ZONES

6

Keine Sorge, du machst keinen Urlaub unter alten Leuten! Im Gegenteil, pass besser auf, dass dich nicht ein paar über 90-Jährige abhängen. Dann siehst du nämlich selbst ganz schnell alt aus! In den „Orten der Hundertjährigen" werden einfach nur mehr Menschen auf gesunde Weise alt – frei von Zivilisationskrankheiten. Wie machen die das? Das findest du heraus, wenn du nach Ikaria oder auf Sardinien in die abgeschiedenen Bergdörfer von Ogliastra und Nuoro reist. Mach's wie die Einheimischen: Sei ständig in Bewegung und leg auch längere Strecken zu Fuß zurück. Genieße pflanzenbasierte, mediterrane Gerichte mit vor Ort angebautem Gemüse und Olivenöl, dazu Kräutertee oder ein, zwei Gläser Rotwein und danach ein Mittagsschläfchen. Leg die Armbanduhr ab, hier ticken die Uhren ohnehin langsamer. Misch dich unter die Einheimischen, tausch dich aus mit Jung und Alt und werde Teil der Gemeinschaft. Die „Blue Zones" wurden erst vor gut 20 Jahren von einem US-Journalisten bekannt gemacht. Der nachhaltige Lifestyle ist aber keine Mode, sondern wird zum Teil seit Jahrhunderten gepflegt. Guck dir was ab für dein Leben!

Werde Teil der Gemeinschaft

to do

to see

1 In die sardische Gorropu-Schlucht hinab

Schnür die Wanderschuhe für einen der tiefsten Canyons Europas (Wände bis zu 500 m)! Bring Zeit mit: Zum Startpunkt läufst du 1,5 bis zwei Stunden. Der grün markierte Bereich der Schlucht ist noch easy, aber im gelben und roten Teil erwartet dich eine Kraxelei über riesige Felsen.

2 Ab in die Berge auf Ikaria

Auf dem Atheras Ridge Walk (Transikarian Trail) läufst du einmal längs über die Insel (50 km), aber es geht natürlich auch kürzer. INSIDERTIPP Über einen steilen Trampelpfad gelangst du zum schönen „Seychellenstrand" im Inselsüden.

3 Heiß baden auf Ikaria

Müde vom Wandern? Dann relaxe in den (leicht) radioaktiven, heißen Salzwasserquellen. In Therma gibt es gleich drei Spa-Badehäuser, die Hydrotherapie anbieten. In Lefkada und Loumakia sitzt du im Naturpool, wo direkt an der Meeresküste heiße Quellen sprudeln.

4 Golf von Orosei, Sardinien

In der 30 km langen Bucht sind die Strände selten voll, denn sie sind spektakulär von Felsen eingerahmt und meist nur zu Fuß erreichbar. Zu heiß? Mit dem Boot ab Cala Gonone siehst du ganz cool vier Buchten an einem Tag.

5 Nuoro, Sardinien

Auf den ersten Blick ist das „Athen Sardiniens" keine Schönheit, aber die attraktive Lage, der Hausberg Monte Ortobene und die Altstadt – Heimat von Kunstschaffenden wie dem Bildhauer Francesco Ciusa und Schriftsteller:innen wie der Nobelpreisträgerin Grazia Deledda – machen es wett.

6 Fourni-Inseln

Von Ikaria bist du nach 20 Fährminuten im Griechenland vergangener Tage: ein kleiner Hauptort mit Fischerbooten, Buchten, in denen einst Piraten hausten, einsame Strände und glasklares Wasser. Und statt Verkehr Wanderwege ohne Ende. Entschleunigung pur!

BLUE ZONES

Land: Griechenland/Italien
Sprache: Griechisch/Italienisch
Einwohner: 8300 (Ikaria) / 1,6 Mio. (Sardinien)
Anreise: Der nächste Flughafen auf Sardinien ist Olbia. Lufthansa und Condor bringen dich in zwei Stunden dorthin. Fähren nach Ikaria verkehren von Samos, Flüge ab Athen.
Mehr Infos: bluezones.com, visitikaria.gr, sardegnaturismo.it

JAN	JUL
FEB	AUG
MÄR	SEP
APR	OKT
MAI	NOV
JUN	DEZ

BESTE REISEZEIT

€€€
€€
€

BUDGET SKALA

Schnür die Wanderschuhe und bring Zeit mit

Für eine Wander- und Klettertour in der Gorropu-Schlucht im zentralen Osten Sardiniens solltest du eine gewisse Fitness mitbringen.

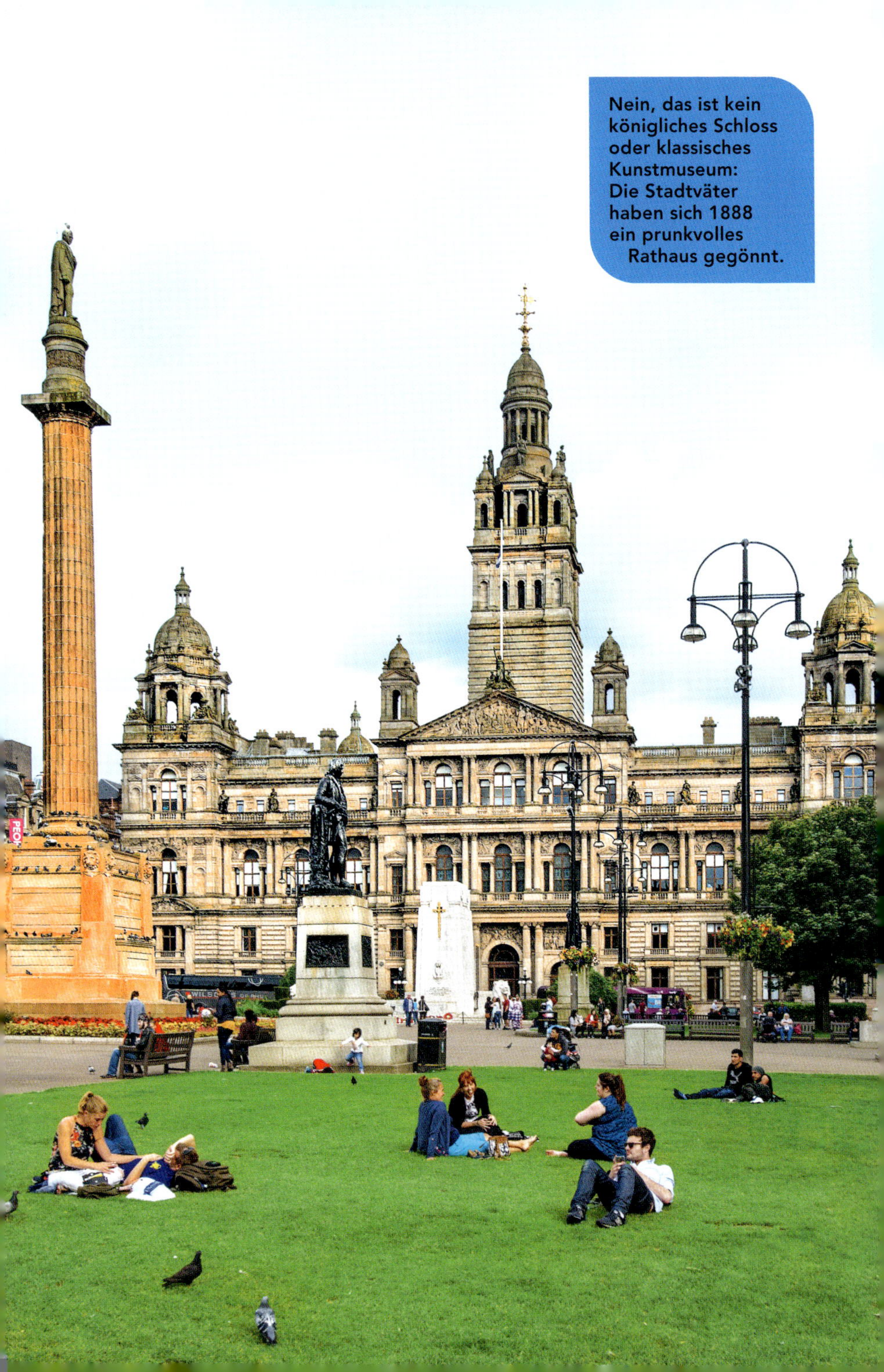

Nein, das ist kein königliches Schloss oder klassisches Kunstmuseum: Die Stadtväter haben sich 1888 ein prunkvolles Rathaus gegönnt.

2025 feiert die „City of Music" ihren 850. Geburtstag – also nichts wie hin, alte, aufpolierte und neue Kulturperlen entdecken und ordentlich mitfeiern! Grau und abgerockt war gestern!

GLASGOW

7

Hättest du's gewusst? Glasgow, die drittgrößte Stadt Großbritanniens, war mal eine der reichsten der Welt. Zu großem Wohlstand kam es mit dem Überseehandel im 18. Jh. und noch einmal mehr im 19. Jh. dank seiner Industrie (Stahlwerke, Werften und Textilfabriken). Aus dieser Zeit stammen die viktorianischen Prunkbauten, Museen, Bibliotheken, Parks und die U-Bahn. Mit dem Niedergang der Industrie verfiel auch die Stadt, bis es in den 1990er-Jahren zu einem Strukturwandel kam. Seitdem legt Glasgow sein Schmuddelkind-Image langsam, aber sicher, ab. Mit dem Slogan „Glasgow – Scotland with Style" demonstrieren die Glaswegians, kurz Weegies, neues Selbstbewusstsein. Das Flussufer ist wiederbelebt worden, Stararchitekt:innen setzten mit ihren Gebäuden neue Akzente, und Bauten wie der Peoples Palace werden restauriert. Glasgow ist obendrein eine Unesco City of Music mit mehr Livemusik-Pubs, Clubs, Konzertbühnen und Festivals pro Einwohner als jede andere Stadt der Welt. Von Mai bis September reiht sich ein Open-Air-Musikfestival ans nächste (inklusive Dudelsack-Wettbewerben), im Winter kommen bei den „Celtic Connections" Folk-Fans auf ihre Kosten. Publikumsmagneten sind aber auch die rivalisierenden Fußballvereine der Rangers und Celtics. Besucher:innen gegenüber will sich Glasgow als „Perfect Gateway" für einen Roadtrip durch die Highlands und „den Rest von Schottland" aufstellen.

to do

1 Kunst auf dem Mural Trail

Immer neue Murals an Bürogebäuden, Wohn- und Parkhäusern bringen Farbe in die Innenstadt. In rund drei Stunden kannst du alle 29 ablaufen (Karte online: www.citycentremuraltrail.co.uk).

2 Scotch ins Glas

Kein Schottlandbesuch ohne Single Malt! Erst eine Tour mit Verkostung in der 2017 eröffneten coolen Clydeside Distillery. Dann nach Merchant City, Riverwalk oder West End in einen Pub oder eine stylische Whiskybar. Tipp: „The Pot Still" schenkt über 800 Whiskysorten aus.

3 Art nouveau vom Pionier

Charles R. Mackintoshs (1868–1928) Art-nouveau-Gebäude gehören bis heute zu den schönsten der Stadt: die Kirche Queens Cross, das Mackintosh House, das Hill House und die Teesalons „Mackintosh at the Willow" und „Willow Tea Rooms". **INSIDER TIPP** Im Kelvingrove Art Gallery and Museum in die Ausstellung „Mackintosh & Glasgow Style" gehen.

to see

4 Hingucker

Die futuristische Konzerthalle SEC Armadillo von Sir Norman Foster ist in bester Gesellschaft: In Spaziernähe liegen der gigantische Finnieston Crane, die Clyde-Arc-Brücke und das verglaste Wissenschaftsmuseum mit Imax-Kino und 127 m hohem, rotierendem Aussichtsturm.

5 Riverside Museum

Zaha Hadid kreierte das 2011 eröffnete Verkehrsmuseum am Ufer des Clyde. Auch wenn der eigentliche Star das Gebäude ist, lohnt sich die kostenfreie Ausstellung mit Eisenbahnen und Schiffsmodellen. Besonders cool: die „Regalwand" mit 31 Autos!

6 Kathedrale mit Necropolis

Der Grundstein der gotischen Kathedrale St. Mungos wurde 1136 gelegt. Über die Seufzerbrücke gelangst du auf den hügeligen Friedhof (einen der größten Europas), auf dem seit 1831 über 3500 teils imposante Gräber angelegt wurden. Das Treppensteigen wird mit einem schönen Blick auf die Stadt belohnt.

GLASGOW

Land: Schottland, Vereinigtes Königreich
Sprache: Englisch
Einwohner: 630 000 (Großraum: 1,7 Mio.)
Anreise: In zwei Stunden bist du mit Lufthansa oder easyJet in Glasgow. Mehr Flüge gehen ins nahe Edinburgh (zusätzlich mit Ryanair, Eurowings). Die Bahn braucht mit Umstieg in Brüssel und London elf Stunden.
Mehr Infos: peoplemakeglasgow.com

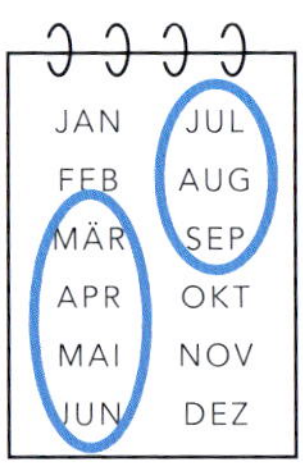

BESTE REISEZEIT

BUDGET SKALA

Zackiger Star am Ufer des Clyde

Außen zackig, innen hui: Das von der Stararchitektin Zaha Hadid am Flussufer erbaute Verkehrsmuseum umfasst 3000 Ausstellungsstücke.

8

LA MADDALENA

Einmal ab ins Karibikblau?
Und das nur anderthalb Flugstunden von Mitteleuropa entfernt? Das geht im Inselparadies von La Maddalena zwischen Sardinien und Korsika.

Strand ganz exklusiv: Wenn du mit dem Stand-up-Paddel oder SUP losziehst, findest du garantiert eine abgeschiedene Bucht nur für dich.

Aus dem unendlichen Blau des Meeres ragen bizarr verwitterte Granitfelsen und poröse Klippen hervor. Auf den 62 Inseln und Inselchen verbergen sich in unzähligen Buchten fast 300 Strände, an den meisten lässt sich ganz entspannt planschen und durch die unberührte Unterwasserwelt schnorcheln. Selbst im trubeligen Hochsommer kannst du im Schlauchboot oder auf dem SUP deine eigene einsame Lieblingsbucht entdecken. In den seichten Gewässern leben ungestört Korallen, Anemonen und Seesterne, dazwischen tummeln sich Meerbarben, Skorpionfische, Zackenbarsche in schier endlosen Seegraswiesen. Auf den grünen Inseln des Archipels wachsen wunderbar duftende Wildkräuter, Lorbeer, Myrthe und Ginster. Weil das Meer, die Flora und Fauna und das Felsenlabyrinth so einmalig sind, wurden große Teile des Archipels 1994 zum Nationalpark erklärt. Übrigens ging es hier nicht immer so friedlich zu: Einst waren die Inseln wegen ihrer strategischen Lage in der Meerenge zwischen Sardinien und Korsika heiß umkämpft. Und bis 2008 waren hier amerikanische Truppen stationiert.

to do

to see

1 Per Beiboot ins Paradies

Ab Palau starten zahlreiche Ausflugsboote, die dich mit dem Tender an den schönsten Stränden abladen. Im seichten Wasser von Porto della Madonna kannst du zwischen den Inseln Razzoli, Santa Maria und Budelli hin und her waten.

2 Mit dem Rad über die Insel

Zwei Räder sind dein bester Begleiter bei der Inseleroberung. Für Faule tut es auch ein Roller. Kaum einer kennt den Testa del Polpo. Der von Wind und Wetter in Granit gemeißelte Steinkopf sieht wie ein versteinerter Oktopus aus. Anschließend am einsamen Dünenparadies Monti d'Arena abtauchen!

3 Berg- und Buchtenwandern auf Caprera

Auf der Insel Caprera ist Wandern Pflicht! An die Traumbucht Cala Napoletana (1,5 Std. ab Arbuticci) oder auf den Monte Tejalone (knapp 1 Std.), ein echter Lost Place. **INSIDER TIPP** Die Cala Coticcio ist wunderschön, aber nur mit Naturführer zu erreichen.

4 La Maddalena

Nur die Hauptinsel La Maddalena ist ganzjährig bewohnt, und die meisten Maddalenini leben im gleichnamigen Ort – und was für einem! Enge, verwinkelte Gassen, wuchtige Palazzi und urige Seefahrerkneipen wechseln sich mit Luxusboutiquen ab. Unbedingt ins Inselflair eintauchen, am besten in den Abendstunden, wenn die meisten Tagestouristen weg sind!

5 Casa Garibaldi

Das Haus des italienischen Freiheitskämpfers Giuseppe Garibaldi auf Caprera ist vollgestopft mit Habseligkeiten aus seiner Wirkungszeit und seinem Totenbett. Mehr zum Risorgimento, der italienischen Einigungsbewegung, kannst du im neu eröffneten Forte Arbuticci erfahren.

6 Snack Bar Trinita

Panini, Panorama und preiswerten Prosecco gibt es an der wohl am schönsten gelegenen Strandbar der Insel (Bassa Trinita, La Maddalena). Am besten bis spät bleiben, der Sundowner ist herrlich hier!

LA MADDALENA

Land: Italien
Sprache: Italienisch, Isulanu (ein mit dem Korsischen verwandter Dialekt)
Einwohner: 11 000
Anreise: Per Fähre von Genua oder Livorno nach Olbia auf Sardinien, dann mit der Shuttlefähre von Palau nach La Maddalena (delcomar.it)
Mehr Infos: lamaddalenapark.it

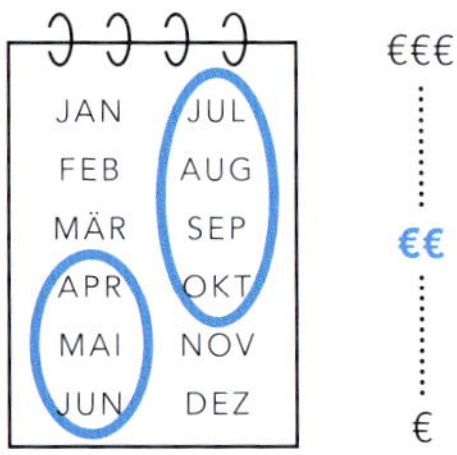

BESTE REISEZEIT

BUDGET SKALA

Einmal ab ins Karibikblau!

Inselhopping mit dem Drahtesel: Die Hauptinsel La Maddalena ist im Osten über eine lange Brücke mit der Nachbarinsel Caprera verbunden.

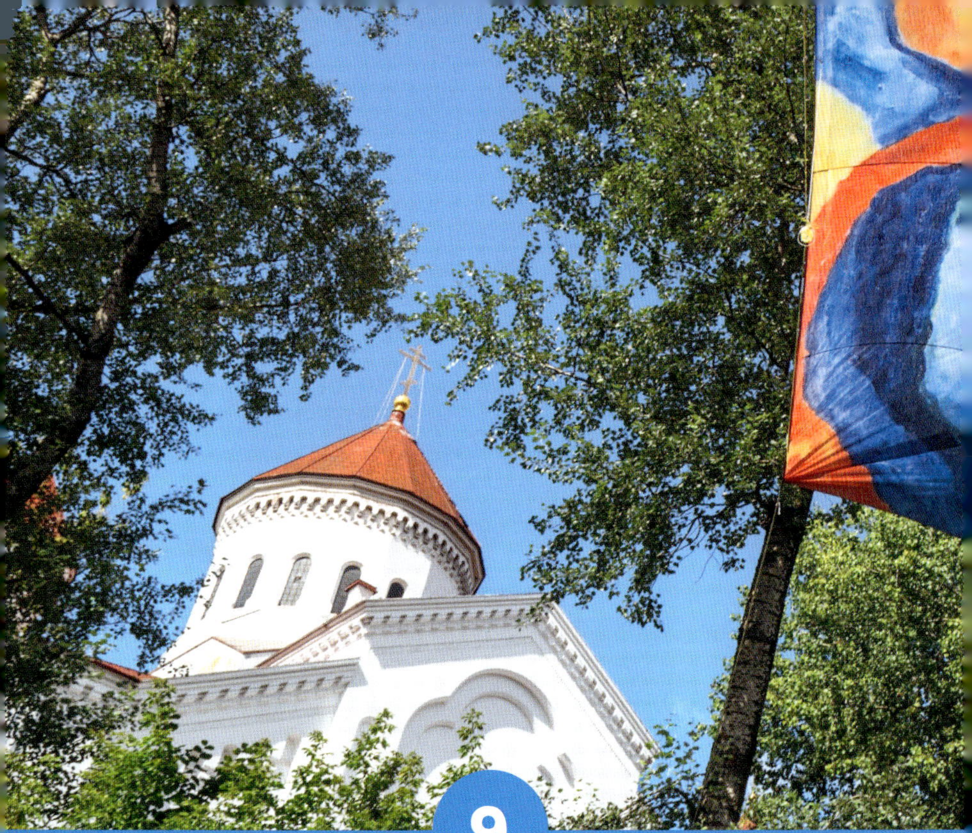

9

EUROPA

VILNIUS

Die Europäische Umwelthauptstadt 2025 hat in puncto Nachhaltigkeit die Nase weit vorn. Grün, grüner, am grünsten will die litauische Hauptstadt werden – und klimaneutral bis 2030.

Kaum jemand weiß von Užupis, einer freien Republik mitten in Vilnius. Sogar einen Minister des Windes und der Poesie hat sie. Ob der so kräftig in die Flagge pustet?

Wenn du durch die Gassen von Vilnius läufst, fällt dir eines direkt auf: Überall ist es grün! Fast zwei Drittel der jungen Universitätsstadt bestehen aus Grünflächen, aus Wäldern und Wiesen, Hügeln und gleich zwei Flüssen. Wo sonst kann man mitten in einer Hauptstadt baden, Schlitten fahren oder vom Parlament aus loswandern? Lebensqualität first! Vilnius ist ein Open-Air-Museum. Kein Wunder, dass die Altstadt mit ihren gotischen Kirchen, barocken Palästen und neoklassizistischen Gebäuden Unesco-Welterbe ist. Doch Vilnius wäre nicht Vilnius ohne seine Kontraste: Am Rand der Altstadt hat sich Užupis von einem heruntergekommenen Stadtteil zum Szeneviertel gemausert. Hier, in der „Republik Užupis", gibt es keine Grenzkontrollen – dafür eine Schaukel über der Vilnia, die magische Kräfte haben soll. Gegensätzlich sind auch das einst abgerockte Bahnhofsviertel mit Street-Art und der grüne Stadtteil Žvėrynas. Ein traditionelles Holzhaus steht hier neben dem anderen. Am Ende des Tages ein Blick von oben, vom Swedbank-Gebäude oder dem Fernsehturm. Und? Ganz schön grün die Stadt!

to do

to see

1 Kunst im Knast

Im ehemaligen Gefängnis veranstalten 250 Kunstschaffende unter dem Namen „Lukiškės-Gefängnis 2.0“ Konzerte, Festivals und Führungen. Wem der Knast, in dem Menachem Begin 1940 für ein Jahr einsaß, bekannt vorkommt: Er war Drehort für die vierte Staffel der Netflix-Serie „Stranger Things“.

2 Stadtnah schwimmen

Der Valakampiai-II-Strand lockt am Ufer der Neris mit goldgelbem Sand und sanfter Strömung. Einfach mit dem Rad rausfahren und die Natur genießen.

3 Nachhaltig konsumieren

In einem alten Herrenhaus in der Altstadt residiert die Senatoren-Passage. Hier folgen Restaurants, Hofladen, Bäckerei, Metzgerei, Naturweinbar, Buchhandlung und mehrere Interieurgeschäfte einem gemeinsamen Nachhaltigkeitskonzept. Viele der hier verkauften und verwendeten Bio-Erzeugnisse kommen vom lokalen Bauernhof Farmers Circle.

4 Halės Turgus von 1906

Foodies welcome in der prächtigen Jugendstil-Markthalle! Von Gemüse und Obst über Honig und Brot, Fisch und Fleisch bis zu Käse, Bagels und Craftbier – alles ist frisch, lecker, lokal. Und abends geht hier nach Marktschluss die Post ab: Party!

INSIDER TIPP Spitzen-Bagels nach alter jüdischer Tradition backt Beigelistai.

5 Pink-Soup-Fest

It's a Barbie world: Im Juni färbt sich Vilnius zu Ehren der traditionellen litauischen Rote-Bete-Suppe pink. Alle sind im Farbenrausch, essen Suppe, flitzen über die 50 m lange Rote-Bete-Suppe-Rutsche. Doch es geht um mehr: Die kreativsten Outfits werden gekürt, und neben Konzerten und Performances tauscht man sich über Nachhaltigkeit aus.

6 Fluss und Fernsehturm

Vom Parlament führt ein Pfad an der Neris entlang durch die Natur zum Fernsehturm, einem nationalen Symbol, da Protestierende ihn 1991 gegen sowjetische Panzer verteidigten.

VILNIUS

Land: Litauen
Sprache: Litauisch
Einwohner: 570 000
Anreise: Von Berlin aus bist du mit dem Zug gut 20 Stunden unterwegs; mit dem Flieger 1,5–4,5 Stunden, je nach Abflugort. Die Route wird ganzjährig von vielen Flughäfen bedient.
Mehr Infos: govilnius.lt

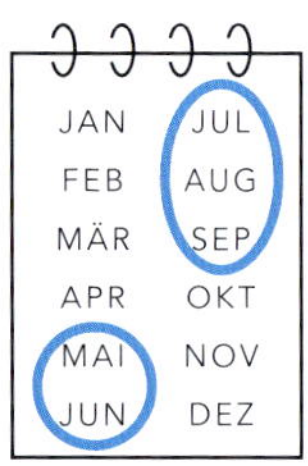

BESTE REISEZEIT

BUDGET SKALA

Die rosarote Brille kann man in Vilnius getrost daheim lassen. Zum Pink-Soup-Fest wird die Rote-Bete-Suppe gefeiert und die ganze Stadt sieht Rosa.

It’s a Barbie world: Im Juni färbt sich Vilnius pink

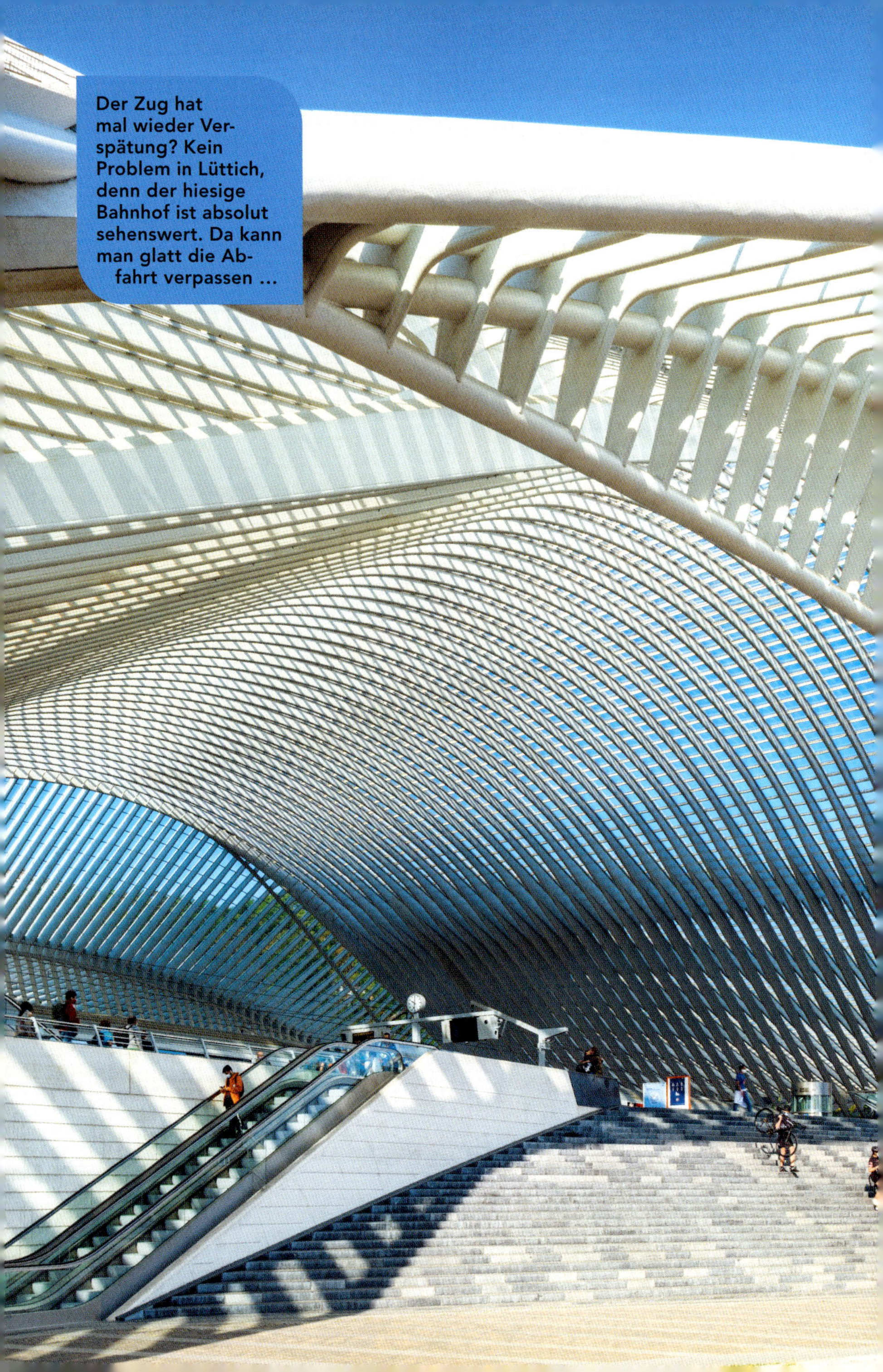

Der Zug hat mal wieder Verspätung? Kein Problem in Lüttich, denn der hiesige Bahnhof ist absolut sehenswert. Da kann man glatt die Abfahrt verpassen …

Lüttich hat seine Vergangenheit aus Kohle und Stahl hinter sich gelassen und entpuppt sich als Kulturmetropole mit Museen von Weltrang, einem spektakulären Bahnhof und jeder Menge Street-Art.

LÜTTICH

10

Du kennst Brüssel, Antwerpen, Brügge? Was ist mit Lüttich? Die Stadt gilt in Belgien als Musterbeispiel für einen gelungenen Strukturwandel und hat sich von der abgetakelten Bergbaustadt zum Kulturstandort gemausert. Steig bei der Ankunft mit dem Zug direkt im architektonischen Highlight aus. Den 2009 eröffneten Bahnhof Guillemins hat der spanische Stararchitekt Santiago Calatrava entworfen. Trotz seiner 10 000 t Stahl scheint der Bogen in 40 m Höhe zu schweben – Selfie nicht vergessen! In die Altstadt schipperst du im Sommer am besten über die Maas und lässt dich mit einer Lütticher Waffel in der Hand durch die Gassen treiben. Shopping oder Sightseing? Dank vieler Boutiquen, Einkaufszentren, Stiftskirchen, Paläste und der Kathedrale hast du die freie Wahl. Baustellen gibt's auch, schließlich befindet sich Lüttich bis heute im Wandel. Dafür wird die Stadt immer bunter. An vielen Ecken verewigen sich internationale Künstler:innen mit cooler Street-Art. Die ganz Großen findest du im Kunstmuseum La Boverie oder im Grand Curtius. Dich zieht es eher ins Grüne? Dann flanier durch den Botanischen Garten oder genieß die Aussicht von der Zitadelle.

Gönn dir eine Lütticher Waffel

to do

to see

1 Ausblick erklimmen

Du brauchst gar nicht mitzuzählen. Genau 374 Stufen hat die steile Treppe „Montagne de Bueren", die zwischen historischen Wohnhäusern von der Innenstadt zur Zitadelle führt. Kamera nicht vergessen, denn oben belohnt dich eine spektakuläre Aussicht über Lüttich für deine Mühen.

2 Fluss-Shuttle

Altstadt, Oper oder Bahnhof – mit den Schiffen der „La Navette Fluviale" schipperst du ganz bequem über die Maas von einer Sehenswürdigkeit zur nächsten. **INSIDER TIPP** Ein Tagesticket kaufen und die Stadt entspannt vom Wasser aus erkunden.

3 Süßes Geheimnis

Lust auf eine Pause? Dann gönn dir beim Stadtbummel eine typische Lütticher Waffel. Sie ist rund, hat 24 Kästchen und schmeckt am besten bei Bäckereien mit dem Label „Authentique Gaufre de Liège". Der Unterschied zur Brüsseler Waffel? Die Lütticher Variante besteht aus einem festen Hefeteig statt Rührteig.

4 La Boverie

Im ehemaligen Palast der Weltausstellung von 1905 hängen heute alte Meister und moderne Kunst. Das Musée La Boverie präsentiert Teile der Sammlung des Pariser Louvre und spielt daher in der ersten Liga der Kunstmuseen mit.

5 La Batte

Der Sonntagsmarkt am Ufer der Maas ist eine echte Institution in Lüttich, und das seit mehr als 400 Jahren! Über mehrere Kilometer reiht sich ein Stand an den nächsten; zu kaufen gibt es alles, von Obst und Gemüse über lokale Delikatessen bis hin zu Kunsthandwerk.

6 La Cité Miroir

Generationen von Lütticher:innen haben im einstigen „Sauveniere" noch schwimmen gelernt. Heute gibt es in den Becken kein Wasser mehr, stattdessen kannst du in der Spiegelstadt „Cité Miroir" Konzerte, Ausstellungen und Debatten besuchen. Besonders cool: Die Originalfliesen sind noch erhalten.

LÜTTICH

Land: Belgien
Sprache: Französisch
Einwohner: 195 000
Anreise: Mit dem ICE oder Thalys fährst du in einer Stunde von Köln nach Lüttich (frz. Liège). Per Auto geht es bei Aachen über die Grenze (schnellste Route ab Aachen über die E40 in einer knappen Stunde).
Mehr Infos: visitezliege.be

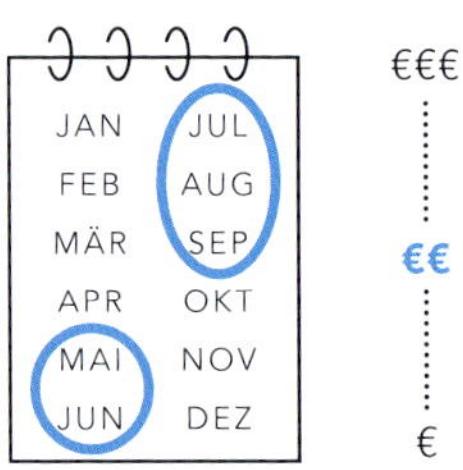

BESTE REISEZEIT

BUDGET SKALA

Spazieren gehen, spielen oder einfach abhängen – der Boverie-Park ist bei Lütticher:innen ungemein beliebt. Und das seit über 100 Jahren!

Der Petersdom ist einer der heiligsten Orte des Christentums, und auf dem Petersplatz werden sich 2025 noch mehr Pilger:innen tummeln als sonst.

11

HEILIGES JAHR 2025

Das Wallfahrtsziel 2025 heißt Rom! Nur alle 25 Jahre feiert die katholische Kirche ein Heiliges Jahr. Dann öffnet sich im Petersdom die Heilige Pforte. Spür die Verbindung unter Pilger:innen aus aller Welt!

20|25.

2025 ist nicht irgendein Jahr – es ist ein Heiliges Jahr – ein Mega-Event der katholischen Kirche. Der Countdown läuft, und die Erwartungen sind hoch, denn rund 45 Mio. Besucher:innen werden in Rom erwartet. Schließlich ist es Tradition, im Heiligen Jahr eine Wallfahrt nach Rom zu unternehmen. Stell dir vor, du bist Teil einer riesigen Welle von Pilger:innen aus der ganzen Welt, die durch die geschichtsträchtigen Gassen strömt! Das sorgt für echte Gänsehautmomente. Zentrum der Feierlichkeiten unter dem Motto „Pilger der Hoffnung" ist natürlich der Vatikan. Los geht's bereits am 24. Dezember 2024, wenn der Papst die Heilige Pforte des Petersdoms aufschließt. Sie wird nur während des Pilgerjahrs geöffnet und bietet die einmalige Chance, buchstäblich durch das Tor der Vergebung zu schreiten. 2025 verspricht also, mehr als ein gewöhnliches Jahr zu sein. Es ist eine Einladung, Teil einer historischen Bewegung zu werden, eine Reise anzutreten, die nicht nur die Füße, sondern auch die Seele bewegt. Pilger:in oder nicht, dies ist ein Ereignis, das man nicht verpassen sollte.

to do

1 Die Pilgerwege gehen

Entdecke Rom auf den Pilgerwegen des Jubiläums. Die beliebteste Route verbindet die vier päpstlichen Basiliken mit ihren je eigenen Heiligen Pforten. Zu den ältesten römischen Traditionen gehört die 25 km lange Sieben-Kirchen-Wallfahrt, die im 16. Jh. begründet wurde.

2 Als „Voluntario" dabei sein

Du möchtest das Heilige Jahr mitgestalten? Dann komm für eine oder mehrere Wochen nach Rom und hilf den Pilger:innen vor Ort. Offizielle Freiwillige müssen allerdings katholisch sein und sich für die Bewerbung eine aktive Teilnahme am heimatlichen Gemeindeleben bescheinigen lassen.

3 Ostergottesdienst erleben

Zu Ostern verwandelt sich der Petersplatz in ein riesiges Blumenmeer. Sei dabei, wenn der Papst unter freiem Himmel den Ostergottesdienst feiert und den apostolischen Segen „Urbi et orbi" (der Stadt und dem Erdkreis) spendet.

to see

4 Die Heilige Pforte im Petersdom

Nur alle 25 Jahre bietet sich die Chance, durch dieses Tor zu schreiten und Teil eines jahrhundertealten Rituals zu werden. Ein Moment voller Magie und Mystik, der Pilger:innen aus aller Welt anlockt.

5 Römische Klassiker

Zu einem echten Rom-Besuch gehören das Kolosseum als Wahrzeichen der Stadt, das antike Forum Romanum und der Palatin-Hügel als Geburtsstätte Roms einfach dazu! INSIDER TIPP Vorher im Internet gegen Aufpreis ein Kombi-Ticket buchen und so Wartezeiten vermeiden!

6 Parco Centrale del Lago

Suchst du nach einer Ruheoase im Pilgertrubel? Im Parco Centrale del Lago im EUR-Viertel sollte 1942 eigentlich eine Weltausstellung stattfinden, der geplante See wurde erst später zu den Olympischen Spielen 1960 angelegt. Ebenfalls ruhig und grün, aber deutlich zentraler ist der Park Villa Borghese.

HEILIGES JAHR 2025

Land: Italien/Vatikan
Sprache: Italienisch/Latein
Anreise: Nachtzug „Nightjet" von München direkt nach Rom ohne Umsteigen. Alternativ Direktflug nach Rom und per Leonardo-Express zum Bahnhof Termini
Mehr Infos: iubilaeum2025.va oder die App iubilaum25 für iOS/Android; hier gibt es auch den Pilgerpass.

JAN FEB MÄR APR MAI JUN
JUL AUG SEP OKT NOV DEZ

BESTE REISEZEIT

€€€
€€
€

BUDGET SKALA

Eine Reise, die die Seele bewegt

Sportliche Challenge: Mehr als 500 Stufen führen hinauf zur Panoramagalerie der Petersdomkuppel – mit spektakulärer Aussicht.

12

NORD-MAZEDONIEN

Das unentdeckte Juwel auf dem Balkan lockt mit einem aufregenden Mix aus orthodoxen Kuppelkirchen, pfeilspitzen Minaretten, unberührten Bergen und Schluchten sowie dem tiefen Ohridsee.

Wo Geschichte auf Traumblick trifft: Das Sveti-Naum-Kloster am Ohridsee ist ein Muss für alle Besucher:innen Nordmazedoniens!

Wer kein Laster hat, ist in Skopje nicht gut aufgehoben. Im Basarviertel gehören türkischer Mokka, kräftiger Schwarztee und süße Baklava zum Lebensgefühl. Bei schönem Wetter ist kein Tisch mehr frei, und südliche Lebenslust erfüllt die nordmazedonische Hauptstadt. Rote Doppeldeckerbusse wie in London, pompöse Säulenfassaden wie im alten Athen und ein stolzer Triumphbogen wie in Paris. Damit hat sich Skopje, das 1963 bei einem Erdbeben fast komplett zerstört wurde, neu erfunden. Raus aus der Stadt: Die nahe Matka-Schlucht erinnert an einen Fjord, während die Nationalparks Galičica und Mavrovo dem seltenen Balkanluchs gehören. Nachhaltiger Tourismus entsteht gerade mit dem High Scardus Trail, einem Fernwanderweg, der nach Albanien und Kosovo führt und vergessene Bergdörfer wiederbelebt. Der Ohridsee, in der Eiszeit entstanden, kann locker mit dem Gardasee mithalten. Noch nie davon gehört? Dann wird es Zeit! Und das Beste: Nordmazedonien ist noch weitgehend untouristisch. Entdecke dieses Trendreiseziel 2025, bevor es alle anderen tun!

to do

to see

1 Wildromantische Schlucht

Paddle im Kajak durch den spektakulären Matka-Canyon zur Unterwasserhöhle Vrelo, eine der größten Europas. Die grauen Felswände und der türkisfarbene Fluss Treska sind die perfekte Kulisse. Lieber wandern? Der Aufstieg zum Kloster Sveti Nikola Šiševski belohnt mit Mega-Ausguck.

2 Sehnsucht im Glas

Erlebe eine geführte Tour durch das bekannteste nordmazedonische Weinanbaugebiet, Tikveš, und genieße hochwertige lokale Weine in den Kellern von Kavadarci. Legendär ist der halbtrockene „T'ga za jug", wörtlich „Die Sehnsucht nach dem Süden", aus der roten Vranac-Rebe.

3 Der Berg ruft

Erklimme den Vodno, den Hausberg von Skopje, mit seinem 66 m hohen Millenniumskreuz. Ob mit der schicken Seilbahn oder in Wanderstiefeln – Skopje liegt dir dort zu Füßen! INSIDER TIPP Probier frisch gepressten Granatapfelsaft an einem Stand bei der Mittelstation.

4 Der Ohridsee

Wer braucht schon das Meer, wenn es den Ohridsee gibt? Bummle in dem lebhaften Unesco-Städtchen Ohrid zu römischen Ruinen, setz mit dem Schiff zum Kloster Sveti Naum über und bestell in einem traditionellen Restaurant frische Ohrid-Forellen, die es nur hier gibt.

5 Basarviertel von Skopje

Stürz dich mitten ins Getümmel des Basarviertels von Skopje, einem der ältesten Marktplätze des Balkans. Holprige Gassen führen an gedrungenen Häusern, Moscheen und Karawansereien vorbei. Genieß traditionellen türkischen Mokka oder süße Baklava in den Cafés.

6 Neue Denkmäler in Skopje

Die Hauptstadt hat sich mit dem Mega-Bauprojekt „Skopje 2014" neu erfunden: Monumentalbauten prägen das Vardar-Ufer, antike Statuen die ganze Stadt. Ein Triumphbogen und ein XL-Reiterstandbild von Alexander dem Großen am Mazedonien-Platz sind neue Wahrzeichen.

NORDMAZEDONIEN

Hauptstadt: Skopje
Sprache: Mazedonisch, Albanisch
Einwohner: 1,8 Mio.
Währung: Mazedonischer Denar (MKD)
Anreise: Mit dem Fernbus nach Skopje, von dort weiter mit dem Bus oder Mietwagen. Direktflüge bestehen nach Skopje und Ohrid.
Mehr Infos: tourismmacedonia.gov.mk

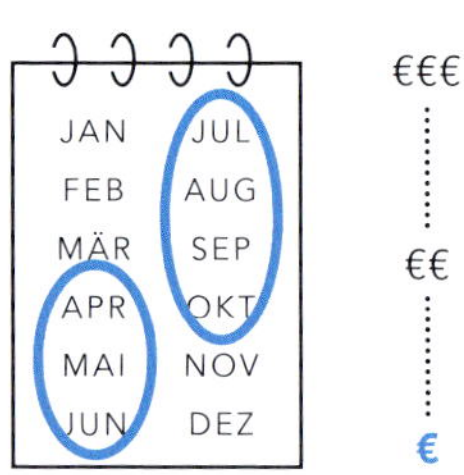

BESTE REISEZEIT

BUDGET SKALA

Zankapfel und Treffpunkt – das mächtige Heldendenkmal Alexanders des Großen am zentralen Mazedonienplatz, Herzstück von Skopje 2014.

Jedes Lokal hat seine eigenen Pintxos-Rezepte. Hier hält der Zahnstocher kunstvoll Baguette und Schinken mit Ei, Oliven oder Gurken zusammen.

Du kennst Rioja nur aus der Vinothek? Weinkenner:innen schätzen die Gegend im Norden Spaniens schon lange, aber auch immer mehr Foodies und Architekturfans pilgern dorthin.

RIOJA

13

Was Bordeaux für Frankreich und die Toskana für Italien, ist die Rioja für Spanien – nur viel weniger überlaufen, und das, obwohl der Jakobsweg mittendurch führt. An der Landschaft kann's nicht liegen, die ist traumhaft, zwischen den Bergen der Sierra Demanda und dem Flusstal des Ebros. Weit fahren musst du auf den Weinstraßen auch nicht, denn die kleine Region ist gerade doppelt so groß wie das Saarland. Dafür hat die Rioja es in sich: Mit über 500 Weingütern hast du die Qual der Wahl, vor allem wenn du Rotweine aus der spanischen Tempranillo-Traube magst (ein Viertel der Rioja-Weine sind Rosés oder Blancos). Neuerdings überbieten sich viele Weingüter geradezu an atemberaubender Architektur, die Stararchitekt:innen wie Santiago Calatrava, Frank Gehry und Zaha Hadid geschaffen haben. Dazu bieten Bodegas und Luxushotels eine hauseigene Spitzengastronomie, und die Rioja zählt aktuell gleich sechs Sternerestaurants. Genuss für Gourmets geht aber auch leger: Auf den Theken der Bars warten hausgemachte Pintxos, üppig belegte Baguettescheiben, die mit einem Zahnstocher zusammengehalten werden. Mach es wie die Einheimischen und zieh in den größeren Städten zum Probieren von einer Kneipe zur nächsten. Genuss garantiert!

Genuss geht auch leger

to do

to see

1 Wein vom Feinsten

Besuch Bodegas für Kellertouren und Weinproben. In Haro mit einem Dutzend Weingütern geht das gut zu Fuß. Tipps: Nimm dir nicht mehr als drei Weingüter pro Tag vor, und plane am zweiten Stopp das Mittagessen ein. Nicht alle Adressen haben unter der Woche geöffnet.

2 Pintxo-Bar-Hopping

Jede Bar bietet hausgemachte Tapas-Häppchen namens Pintxos, die man zu einem Glas Wein oder Bier verzehrt. Zum Pub-Crawl ziehst du am besten in Logroño, der Hauptstadt von La Rioja, durch die Calle del Laurel oder die nahe Calle de San Juan mit jeweils Dutzenden Bars.

3 Ein bisschen Jakobsweg

In Nordspanien gehört ein wenig pilgern auf dem Jakobsweg einfach dazu. 60 km der Route führen durch die Rioja. Von Logroño den blauen Schildern mit gelber Muschel in Richtung Westen folgen bis Nájera (erster Tag) und Santo Domingo de la Calzada (zweiter Tag).

4 Marqués de Riscal

Dieses Weingut von 1858 ist spektakulär: Auf dem 2006 von Frank Gehry designten Hotel in Elciego thront ein Knäueldach aus Stahl und Titan, das golden und pink schimmert. Die preisgekrönten Weine sind auch nicht von schlechten Eltern!

5 Museum der Weinkultur

In Briones erfüllte sich Kellermeister Pedro Vivanco den Traum von einem riesigen Weinmuseum: mit Exponaten aus 8000 Jahren Weinbau, Kunstwerken und dem Garten mit über 220 Rebsorten. Weinproben sind im Weingut und im Restaurant zu haben.

6 Feste feiern

Anfang September beginnt die Weinlese. Dann wird in Logroño groß gefeiert mit Umzügen, Konzerten und Traubenstampfen. Die Hauptfestwoche fällt stets auf die Zeit um den 21. September, den Ehrentag des Schutzpatrons San Mateo. **INSIDER TIPP** Am 29. Juni nach Haro zur kuriosen Weinschlacht „Batalla de Vino".

RIOJA

Land: Spanien
Sprache: Spanisch
Einwohner: 320 000
Anreise: In gut zwei Stunden bist du mit Lufthansa und Eurowings im 100 km nördlich gelegenen Bilbao. Der Bus von dort nach Logroño braucht 1,5–2 Stunden. Alternativen sind San Sebastián, Biarritz und Santander.
Mehr Infos: lariojaturismo.com

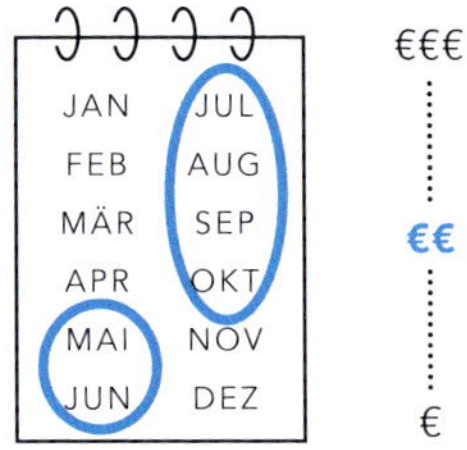

BESTE REISEZEIT

BUDGET SKALA

Traditionelle Weinschlacht

Hier bleibt keine Klamotte weiß: Kurz nach Sonnenaufgang treffen sich Tausende in Haro mit Fünf-Liter-Flaschen, Eimern oder Wasserpistolen voller Rotwein.

Auf den Lofoten findest du Fotospots, bei denen dir die Augen übergehen, wie das Fischerdorf Hamnøy mit seinen roten Stelzenhäusern vor spektakulär aufragenden Bergen.

Feengrün färbt sich der Himmel, wenn die Nächte nahe dem Polarkreis dunkel und kalt sind, aber auch blau, violett und rot. Die „Dämmerung des Nordens" fasziniert die Menschen seit jeher.

TREND: MAGIE DER NORDLICHTER

14

Physik kann so schön sein! Die Sonne schleudert elektrisch geladene Teilchen in Richtung Erde, wo unser Magnetfeld sie einfängt und zu den Polen ableitet. Dann sprühen bunte Funken, die sich zu Schleiern, Vorhängen und ringförmigen Strahlen vereinen. Was für ein Spektakel! Am besten ist es in Nordschweden, Nordnorwegen, Finnland, Island, Grönland und – Überraschung – manchmal auch bei uns zu bestaunen. Warum? Die skandinavischen Länder sowie Island und Grönland verfügen allesamt über große, einsame Landflächen nahe dem Polarkreis. Und da leuchtet's nun mal am intensivsten, wenn es denn leuchtet. Eine Garantie gibt es nicht, da mögen die Reiseunternehmen und Touranbieter:innen noch so werben. Umso besser also, wenn du im Norden noch was anderes zu tun hast als Aurora-Borealis-Watching. Fast alle Ziele, die „ihre" Nordlichter offensiv anpreisen, sind ausgesprochene Naturschönheiten, ideal für Liebhaber:innen von Slow Travel. Tief eingeschnittene Fjorde, dramatisch aufgefaltete Berg- und weite Schneelandschaften – aktive Menschen und Fotograf:innen werden ihre Freude haben und in Schneeschuhe, Boote, Snowboards, Hundeschlitten und Schneemobile steigen, um die Natur zu erleben. Wusstest du, dass es auch umweltschonende elektroangetriebene Schneemobile gibt? Und: je länger der Aufenthalt, desto größer die Chance, den Himmel tanzen zu sehen, und desto nachhaltiger die Reise.

top spots

1 Schweden

Kein Licht- oder Wölklein stört die Atmosphäre auf dem Berg Nuolja im Abisko-Nationalpark. Schwebe mit dem Sessellift hinauf zur Aurora Sky Station, genieße ein Dinner mit samischen Anklängen und die Aurora Borealis mit Blick auf Abisko, Berglandschaft und See.

2 Norwegen

Auf den Lofoten zacken sich die Berge über tiefblauer See, in der sich Nordlichter fotogen spiegeln. Luxus gefällig? Dann check im Aurora Borealis Observatory auf der Insel Senja ein. Tromsø, die „Hauptstadt des Nordens", ist eine fast sichere Bank, um Nordlichter zu sehen. Und von Longyearbyen auf Spitzbergen startest du im Hundeschlitten.

3 Finnland

Lappland, ich komme: Von Rovaniemi jagst du den Nordlichtern am besten auf dem Schneemobil hinterher. **INSIDER TIPP** Im wintersportlichen Levi guckst du in einem Glas-Iglu gemütlich vom Bett aus in den Himmel.

4 Grönland

Auf der riesigen, spärlich besiedelten Insel gehören die Nordlichter fast schon zum Alltag. Man bewegt sich im Schneemobil oder Hundeschlitten fort, etwa in der Gegend um Kangerlussuaq. Einer Inuit-Legende nach spielen die Toten mit einem Walrossschädel Fußball, wenn die Nordlichter am Himmel Kapriolen schlagen.

5 Island

Keine Zeit für die Westfjorde und Nordisland? Reykjavík liegt zwar um einiges südlicher und die Lichtverschmutzung ist hier relativ stark, aber wenn du das Aurora-Observatorium besuchst oder eine Tour ins Umland unternimmst, erhöhst du die Chancen auf bunte Lichter.

6 Deutschland

Nordlichter waren 2024 auch in unseren Breiten deutlich zu sehen, besonders schön am Bodensee und auf Fehmarn – oder in jeder anderen Region fernab einer Stadt. Und sie hier zu bewundern, ist auch umweltfreundlicher. Klopf auf Holz für 2025!

MAGIE DER NORDLICHTER

Wann und wo: Zwischen 23 und 2 Uhr. Je näher am Polarkreis, desto besser. Der Himmel muss wolkenlos (Achtung: Stürme!) und dunkel sein – Stichwort Lichtverschmutzung.
Vorhersage-Apps: Aurora Forecast, Aurora
Fotos: Mit lichtempfindlichem Weitwinkelobjektiv; ein Stativ ist unverzichtbar. Polarlichter erscheinen nicht selten als graue Schleier und färben sich erst auf dem Foto grün ein.

JAN	JUL
FEB	AUG
MÄR	SEP
APR	OKT
MAI	NOV
JUN	DEZ

BESTE REISEZEIT

€€€
€€
€

BUDGET SKALA

Vom Bett aus in den leuchtenden Himmel schauen

In einem Glas-Iglu bist du ganz nah dran und gleichzeitig gut geschützt. Einen Schritt nach draußen, und du fällst quasi in die Natur des finnischen Lapplands.

15

WALES

Grün sind in Wales nicht nur die Hügel. Das Land im Westen der Britischen Insel setzt auf Öko-Tourismus. Du kannst den Küstenpfad wandern oder dich an steilen Trails im Snowdonia-Massiv versuchen.

Was für ein grandioses Panorama: freier Rundumblick vom Gipfel des Snowdon oder Yr Wyddfa … falls nicht gerade Nebel alles rundum verschluckt.

In den Bergen von Snowdonia schläft König Artus, bewacht von einem roten Drachen, dem Wappentier von Wales. Die Fakten? Die Waliser:innen pflegen eine eigene, keltische Sprache und Kultur. Und erst die Landschaft! Schroff gezackte Berge, grüne Hügel, wilde Küsten. Nah dran bist du auf dem Wales Coast Path: 1400 km Klippen, Strände, Wind und Wellen. Nationalparks machen 20 % von Wales aus: Pembrokeshire Coast, Brecon Beacons und Eryri (Snowdonia). Vom Seebad Llandudno an der Nordküste kannst du die Berge von Snowdonia sehen und per Bahn hinfahren, auch ins mittelalterliche Burgstädtchen Conwy. Warum Wales so nachhaltig ist? Vielleicht weil in den 1970er-Jahren Alternative und Ökos hierherzogen. Im Centre for Alternative Technology (CAT) bei Machynlleth tüftelte man schon früh an Windrädern und Solarpanels, testete Recycling und Permakultur; heute ist das CAT eine Institution. Eine Kabelbahn fährt dich mit Wasserkraft hin. Hungrig? *Laverbread* aus Algen und *Glamorgan sausages* (Käsewürstchen) mögen auch Vegetarier:innen. Und erst der Caerphilly-Käse – echt stark.

to do

1 Der Berg ruft!

Alpin auf 1185 m? Das ist der Mount Snowdon. Die meisten nehmen die Zahnradbahn. Lonely at the top ist allerdings Fehlanzeige. **INSIDER TIPP** Sherpa-Busse bringen Wanderer zu Start oder Ziel. Schön zum Bergwandern ist auch Cadair Idris (893 m), das zweithöchste Bergmassiv.

2 Realityshow im Vogelnest

Birdwatching leicht gemacht: In der Vogelstation Ellin's Tower auf Holy Island blickst du live ins Familienleben von Tordalk, Möwe und Sturmtaucher, die Webcam macht's möglich. Dann 400 Stufen bis zum Leuchtturm South Stack hinauf – und durchatmen.

3 Auf Dichters Spuren

Gestatten: Dylan Thomas. Folge dem trinkfreudigen Poeten von Swansea nach Gower, wandere bei Ebbe zur Spitze Worm's Head. Aber achte auf die Flut! Vom Bay Bistro an der Rhossili Bay siehst du Surfer:innen in der Brandung. Ohne Auto kommst du so hin: swanseabaywithoutacar.co.uk.

to see

4 Bardsey Island

Bardsey Island 3 km vor der Halbinsel Llŷn heißt auf Walisisch Ynys Enlli, „Insel der starken Strömungen", und ist seit 2023 das erste Dark Sky Sanctuary in Europa. Sogar der Leuchtturm blinkt in Rot. So siehst du nachts nur die Sterne funkeln – sonst nichts.

5 Preseli Mountains

Ein Zauber umgibt die Preseli Mountains in Nord-Pembrokeshire. Die in Stonehenge verbauten Blausteine stammen von hier, und es wimmelt von Steinzeitgräbern und uralten Steinkreisen. Auf dem Markt in Newport/Trefdraeth, im Bus – überall hörst du Walisisch.

6 Cardiff

Wo früher in Cardiff Bay Kohle aus den Valleys in alle Welt ging, legen heute Ausflugsboote ab, und im gigantischen Wales Millennium Centre laufen alle möglichen Kulturveranstaltungen. Hier und im Bau des Walisischen Parlaments (Senedd) siehst du, wie nachhaltiges Bauen geht.

WALES

Land: Wales, Vereinigtes Königreich
Hauptstadt: Cardiff
Sprache: Englisch, Walisisch
Einwohner: 3,1 Mio.
Währung: Pfund Sterling
Anreise: Ab London Euston nach Holyhead mit Virgin Trains (4 Std.) bzw. nach Cardiff ab Paddington (2 Std.) mit First Great Western
Mehr Infos: visitwales.com/de

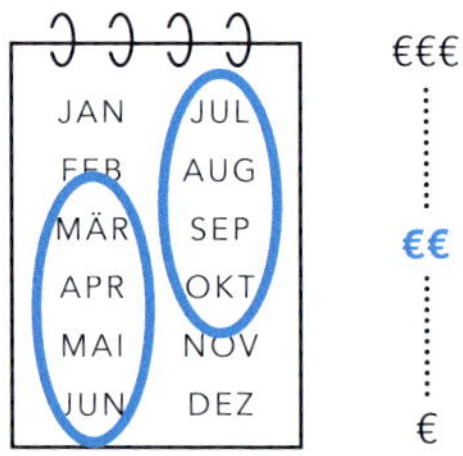

BESTE REISEZEIT

BUDGET SKALA

Birdwatching leicht gemacht

South Stack aus der Vogelperspektive: An den Klippen rund um den Leuchtturm ganz im Nordwesten von Wales brüten seltene Vögel.

10 x WELT WEIT

KANADA
1
10
LOS ANGELES
MEXIKO-STADT
7
4
KOLUMBIEN
KAP VERDE
3
6
BENIN
DONG-VAN-
KARSTPLATEAU
8
5
KOH KER
OSAKA
2
NEUSEELAND
9

Der wummernde Viervierteltakt geht unter die Haut, und dann, heja heja, dringen aus den Kehlen der Trommler plötzlich Töne aus einer anderen Zeit …

Kanadas indigene Tourismuswirtschaft boomt: Bären beobachten, auf Pow Wows tanzen, am Alltag teilnehmen – von Ureinwohner:innen geführte Tourismusbetriebe ermöglichen authentische Abenteuer.

KANADA

1

Wer sich einem indigenen Tourunternehmen anvertraut, lernt dazu. Oder wer weiß schon vorher, was „Etuaptmumk" bedeutet? Unterwegs mit indigenen Guides und Storytellern öffnet sich das andere, unbekannte Kanada. „Etuaptmumk" zum Beispiel, das traditionelle Prinzip des „Two-Eyed-Seeing" der Mi´kmaw in New Brunswick, vereint die Stärken des indigenen und des „weißen" Wissens zum Nutzen aller. Und so sehen Teilnehmer:innen von Touren in St. John nicht nur die ultramodernen Hafenanlagen, sondern auch den quirligen Versammlungsort Menahwesk, wo schon vor 400 Jahren in vielen Sprachen palavert und gehandelt wurde und das moderne, multikulturelle Kanada vorweggenommen war. Oder sie hören vom Spirit Bear „Moskmól", einem äußerst seltenen (dank einer Genmutation) weißfelligen Schwarzbären im Regenwald von British Columbia. Die dort lebenden Kitasoo-Xai-´xai wissen schon lange, dass der Rabe, als er die Welt schuf, einen von zehn Schwarzbären weiß machte. Damit wollte er die Menschen daran erinnern, dass die Welt anfangs eine eisige Ödnis war und sie dankbar für die Gaben der Natur sein sollten. Kanada mit indigenen Augen sehen: Das garantiert Erlebnisse, die berühren und nachwirken.

Erlebnisse, die berühre

to do

to see

1 Auf der Spur des Bären

Tagelang warst du auf der Suche nach dem seltenen Spirit Bear mit dem Boot in den Fjorden des Great Bear Rainforest unterwegs. Hast uralten Legenden gelauscht, mit den Guides bis spät in die Nacht Karten studiert. Als „Moskmól" am Ende auftaucht, ist das ein echter Teamerfolg.

2 Mit der Métis durchs Delta

Tief im Saskatchewan River Delta führt die kräuterkundige Trapperin Michela Carriere durch den vielfältigen Lebensraum des Deltas und berichtet abends im Kreis ihrer Familie über ihre in Nordamerika einzigartige Métis-Mischkultur aus frankophonen Pelzhändlern und indigenen Frauen.

3 Mit den Anishnabe tanzen

Erbarmungslos traktieren die Männer ihre Trommeln. Am letzten Tag des Pow Wow in Wikwemikong auf Manitoulin Island (Ontario) dürfen die Gäste mittanzen. Falls du allzu linkisch übers Gras tappst, hast du schnell deinen *native name* weg, wie „Der verkehrt herum tanzt" …

4 Cranbrook

Das St. Eugene Golf Resort war 100 Jahre lang eine von der Kirche betriebene berüchtigte „residential school", die indigenen Kindern mit Gewalt das „Indianersein" austrieb. Die Ktunaxa haben ein Museum mit Zeitzeugenberichten eingerichtet.

5 Yukon River

Ab 1896 lockte der Klondike-Goldrausch über 100 000 Glücksritter in den Yukon. Mit Ernennung von Dawson City zum Unesco-Welterbe Tr'ondëk-Klondike wird heutzutage auch die leidvolle Geschichte der Kolonisierung der Tr'ondëk Hwëch'in First Nation erzählt. Unterwegs auf dem Yukon River hörst du sie von Tommy Taylor aus erster Hand.

6 Medizinräder

Unterwegs im Grasland von Saskatchewan ist es gut möglich, dass du über uralte Medizinräder stolperst, mit Steinen ausgelegte heilige Kraftorte für Rituale und Visionssuche. Das schönste findest du im Wanuskewin Heritage Park bei Saskatoon.

KANADA

Hauptstadt: Ottawa
Sprache: Englisch und Französisch
Einwohner: 40 Mio.
Währung: Kanadischer Dollar
Anreise: Lufthansa, Air Canada u.v.a. fliegen tgl. nonstop nach Toronto, Montréal und Vancouver.
Mehr Infos: https://travel.destinationcanada.com/de-de

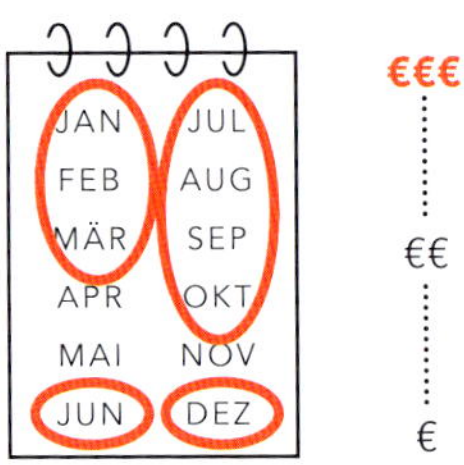

BESTE REISEZEIT

BUDGET SKALA

Sternstunde!
Pure Magie, wenn der Spirit Bear aus dem dampfenden Regenwald auftaucht und für einen köstlichen Augenblick für deine Kamera posiert!

Der Yukon: Erst 130 Jahre nach dem Goldrausch am Klondike können die Ureinwohner:innen ihre leidvolle Version der Geschichte erzählen.

Kulisse für einen Science-Fiction-Film? Nein, Namba Parks ist ein lebendiges Geschäfts- und Shoppingviertel. Eine grüne Oase mitten in der Großstadt.

2025!

Ob Streetfood oder Shopping, Museum oder Nightlife – Osaka hat alles! Festhalten, es geht los! Die Metropole ist der Inbegriff des modernen Japan. Und mit der Expo hält erst recht die Zukunft Einzug.

OSAKA

2

Tokio ist die Stadt der Politik, nach Kyoto geht's für die Kultur, in Osaka wird Geld verdient – und vor allem auch wieder ausgegeben! Die überdachten Shoppingmalls sind legendär. Etliche Straßenzüge, bis zu 4 km lang, Laden an Laden, Kneipe an Kneipe. Und immer voll. Ob Sushi, Takoyaki oder Trockennudel, Nintendo-Merch oder Cosplay, in Osaka gibt es wenig, was es nicht gibt. Und manches ist sogar hier entstanden, wie die Cup-Noodles, die ihr eigenes Museum haben. Der Handel hat die Stadt reich gemacht, und noch heute ist der Hafen einer der größten der Welt. Außerdem kann man in der Bucht noch anbauen, wenn man sich traut: Das Expo-Gelände entsteht da, wo vor Kurzem noch Wasser war, auf einer 1,5 km^2 großen künstlichen Insel. Der deutsche Pavillon wird kreisrund und nachhaltig sein. Die aufgeschütteten Hafeninseln stecken überhaupt voller Attraktionen. Auf einer steht eines der größten Aquarien der Welt, auf einer anderen der Vergnügungspark der Universal Studios. Schiffe in die weite Welt starten hier, aber auch vergnügliche Rundfahrten über die pittoreske Inlandsee. Und wenn du mal genug vom lauten Jetzt hast, ist die alte Kaiserstadt Nara nicht weit.

Inbegriff des modernen Japan

to do

1 Universal Studios auf Japanisch

Fun, fun, fun! Die irren Fahrgeschäfte und Traumwelten der Universal Studios treffen das Lebensgefühl Osakas ziemlich gut. Harry Potter oder der Weiße Hai? Minions oder Nintendo? Fang am besten früh mit der Zeitplanung an, um möglichst viele Attraktionen und Rides unterzubringen.

2 Okonomiyaki schlemmen

Okonomiyaki ist das Leib- und Magengericht der Leute aus Osaka – ach was, ganz Japans. „Lecker gebraten" heißt der deftige Pfannkuchen übersetzt. Am Straßenstand oder in einfachen Lokalen ist er schnell gemacht, günstig und schmeckt immer. „Einmal mit alles, ohne scharf!"

3 Shoppen ohne Ende

Yep! Osaka war und ist die Hauptstadt des Handels. Vor 400 Jahren wurden hier an der zentralen Reis-Börse schon Termingeschäfte abgewickelt! Und heute? Gibt's hier einfach alles, unter anderem auch ein Riesenangebot an Anime-Merch.

to see

4 Expo 2025

Alle paar Jahre legt sich die Welt ins Zeug und zeigt, was sie draufhat. Für die Expo 2025 von Mitte April bis Oktober schüttet Osaka eine neue Insel im Meer auf, die Insel der Träume: Yumeshima. Besser gesagt, der Zukunftsträume: virtuelle Welten, selbstfahrende Busse, Drohnentaxis. Genaueres wird erst zur Eröffnung verraten!

5 Burg und Burgpark

Osaka wirkt so jung und lebendig, dass man glatt vergessen könnte, wie alt die Stadt eigentlich ist: Neben prähistorischen Palastruinen der Yamato-Könige steht die Samurai-Burg Osaka. Die ist zwar in Beton wieder aufgebaut worden, sieht aber genauso trutzig aus wie einst.

6 Aquarium Kaiyūkan

Hier tummelt sich der ganze Pazifik, in 15 Becken, von denen eins 9 m tief ist und groß genug für Walhaie. **INSIDER TIPP** Um 17 Uhr werden alle Becken auf „Nacht" umgeschaltet – eine mystische Atmosphäre!

OSAKA

Land: Japan
Sprache: Japanisch
Einwohner: 2,7 Mio.
Währung: Yen
Anreise: Über den Internationalen Flughafen Kansai. Gleich mehrere Bahnlinien verbinden ihn mit unterschiedlichen Stadtteilen in Osaka.
Mehr Infos: osaka-info.jp, expo2025.or.jp/en

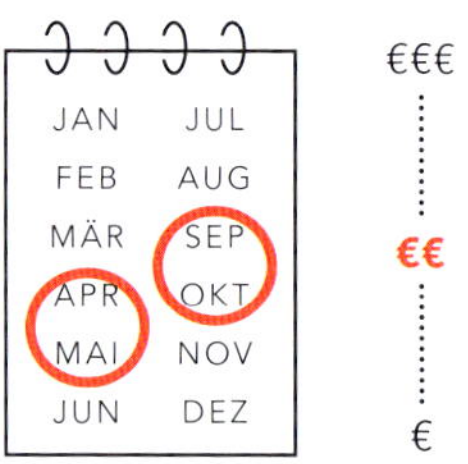

BESTE REISEZEIT   BUDGET SKALA

Bunte Leuchtreklame, billige Kneipen und leckeres Streetfood – das ist das Viertel Shinsekai, die „neue Welt“. Es entstand bereits 1912 …

Um buntes Hafentreiben zu erleben, ist der Fischersteg von Santa Maria auf Sal perfekt. Romantische Naturen genießen hier den Sonnenuntergang.

Die Kapverden, wo sind die denn? Die wenig bekannte Inselwelt zwischen Afrika und Europa, weit vor der Küste Senegals, ist ein Paradies aus Vulkanlandschaften und kreolischer Lebensart.

KAP VERDE

3

Gefallen dir schier endlose, schneeweiße Strände, bizarre Mondszenerien und schroffe Klippen? Überwucherte Schluchten? Oder doch lieber Kultur, Musik und Kunst? Wenn du dich nicht entscheiden kannst, nimm alles und nimm es gelassen. „No stress" lautet das kapverdische Motto. Wenn du 2025 kommst, erlebst du den 50. Jahrestag der Unabhängigkeit von Portugal in einem gut gelaunten Land, das es geschafft hat, die Armut abzuschütteln. Neun Inseln sind bewohnt, jede hat ihren speziellen Charakter. Auf den Strandinseln Sal und Boa Vista wird gesurft, getaucht oder einfach relaxt. In der Hafenstadt Mindelo auf São Vicente erklingt Musik gefühlt aus jedem Haus und animiert nicht selten zum spontanen Tanz auf der Straße. Unter den gebirgigeren Inseln zum Wandern ganz vorn dabei ist Fogo mit dem zweithöchsten Berg im Nordatlantik, von dem du durch feine Vulkanasche heruntersausen kannst. Bewege dich auf Santiago und Santo Antão wie die Einheimischen auf verschwiegenen Pfaden durch grüne Täler und winzige Dörfer oder erkunde die kleineren Inseln, die fast noch touristisches Neuland sind. Und das Essen nicht vergessen – Tropenfrüchte! Ziegenkäse! Fisch! Langusten!

„No stress" lautet das Motto

to do

1 Sal verleiht Flügel

Frei wie ein Vogel übers Meer zu schweben, ist dein Traum? Dann probier es auf Sal mal mit dem Trendsport Wingsurfen. Dabei zieht ein Flügel dich und dein Brett über die Wellen. Kurse veranstaltet der Ion Club Sal (www.ion-club.net/de/santa-maria).

2 Sandhügel abreiten

Weiße Dünen, so weit das Auge reicht, schieben sich auf einen Strand mit türkisblauem Meer. Fischadler ziehen ihre Kreise. Vielleicht möchtest du dich beim Sandboarding austoben? Wird von Agenturen auf Boa Vista als grünes Abenteuer organisiert.

3 Musik mit Stil

Die unvergessene Cesária Évora machte den melancholischen Morna-Sound der Kapverden auf der ganzen Welt bekannt. In ihrer Heimatstadt Mindelo kannst du Morna und die schwungvollere Coladeira live erleben. INSIDER TIPP Zum Beispiel später am Abend in der Jazzy Bird Bar, wo sich die Locals treffen.

to see

4 Mercado Municipal di Praia

Bunt, laut, ein Potpourri für die Sinne. Mit ausgeklügelter Tröpfchenbewässerung trotzt Santiagos Landwirtschaft dem Regenmangel. Die ansehnlichen Ergebnisse kannst du in Praias Markthalle bewundern und dich auch gleich mit Mangos, Papayas & Co. eindecken.

5 Chã das Caldeiras

So muss es auf dem Mond sein. Majestätisch überragt der Pico do Fogo, fast so hoch wie die Zugspitze, das schroffe Lavafeld des jüngsten Vulkanausbruchs. Hier oben wird es mächtig kühl. Die gute Nachricht: In mehreren Pensionen kannst du gepflegt unterkommen.

6 Santo Antão

Ein Pflasterweg windet sich die Nordflanke von Santo Antão hinunter ins sattgrüne Tal von Paúl. Auf Feldterrassen sprießt Zuckerrohr, in der Ferne glitzert das Meer. Hunger und Durst stillst du unterwegs im Restaurant O Curral mit frischen Obstsäften und Bio-Cachupa.

KAP VERDE

Hauptstadt: Praia
Sprache: Portugiesisch, Kreol
Einwohner: 570 000
Währung: Kap-Verde-Escudo
Anreise: Flüge täglich ab Lissabon oder direkt von Deutschland mit TUIfly nach Sal und Boa Vista. Brava und Santo Antão sind nur per Schiff erreichbar.
Mehr Infos: turismo.cv, kapverden.de

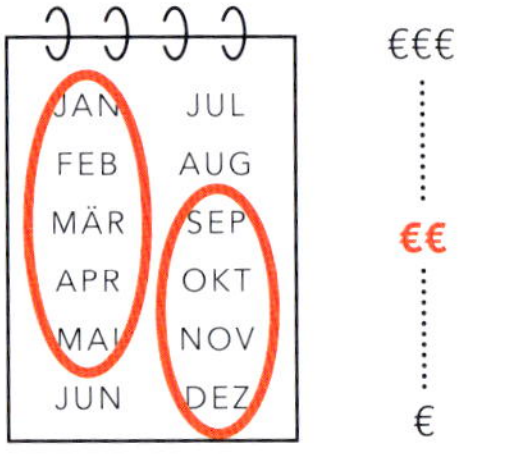

BESTE REISEZEIT

BUDGET SKALA

Wie gemalt liegt das Bergdorf Fontainhas vor der Felskulisse. Wandernden erschließt sich von hier aus die dramatische Schönheit der Insel Santo Antão.

Eine alte Manufaktur besichtigen oder einfach auf dem Dorfplatz dösen – Barichara im Nordosten ist ein perfekter Ort zum „Dörfeln".

In Kolumbien heißt es oft: „Venga, pues!" (Komm schon!). Was lange Zeit eher ein „Trau' dich!" war, meint heute: „Komm' jetzt!" Denn das Land ist der neue Superstar auf der Bucketlist für Südamerika-Reisen.

KOLUMBIEN

4

Achtung, Update! Wer bei Kolumbien immer noch an Drogenkartelle und Entführungen denkt, hat was verpasst. Das Land im Norden Südamerikas ist längst *die* Destination für Natur-, Kultur- und Partyurlaub. Eine Schatzkiste mit immer neuen Reiseperlen. Die Suche nach dem giftigsten Frosch der Welt zum Beispiel, für die man im Kanu durch den Tropenwald paddelt. Oder Korallenpflanzen an der Karibikküste, wo auch Piratengeschichten, Palmen und alle anderen paradiesischen Klischees warten. Wer es nicht zu warm mag, macht Höhenmeter, bis die Wanderstiefel glühen. Gleich drei Andenketten durchziehen Kolumbien. Auf 3000 m tauchst du in die mystische Nebelwelt der Páramos ein, eine ganz eigene, kalttropische Vegetation, die man fast nur hier findet. Runter ratterst du mit dem Mountainbike und hältst vielleicht in einem archäologischen Park. Noch immer werden antike Grabstätten und präkolumbische Felszeichnungen entdeckt. Ansonsten: „Dörfeln!", wie man in Kolumbien das entschleunigte Verweilen in den vielen bunt-idyllischen Ortschaften nennt. Und wer Bock auf Großstädte hat, erlebt mehr als erwartet: In Bogotá kannst du zu Techno steilgehen oder manche der angesagtesten Museen Lateinamerikas besuchen, und in Medellín gibt's feinste Boutiquen und hippe Gastro. Ob Yoga-Retreat auf einer Kakaofarm oder Rafting mit Ex-Guerillakämpfer:innen – Kolumbiens Tourismusangebot ist neu und aufregend.

to do

1 Cupping in der Kaffeezone

Wie das Stöhnen zum Tennis gehört das Schlürfen zum Cupping! So nennt man die Probe edler Kaffees. In Kolumbien wird Arabica-Kaffee angebaut – handgepflückt und hochwertig. Führungen auf den Fincas sind was für feine Gaumen: Mit einem lauten Luftzug lernst du, Blumen- oder Schokonoten zu erkennen.

2 Salsa-Freitag in Cali

Von den Millionenstädten ist Cali im Südwesten am wenigsten auf Tourismus gebürstet. Hier kann man echt kolumbianisch feiern, etwa beim Viernes de Salsa („Freitags-Salsa"). Dann werden nach Feierabend die Straßen im Zentrum zum Dancefloor. Wie Karneval – nur jede Woche.

3 Wandern zur Ciudad Perdida

Die Ruine der Tayronakultur liegt an der Karibik im höchsten Küstengebirge der Welt. Durch tropisch triefenden Regenwald geht's vorbei an Brüllaffen und bunten Tukanen. Wandernde brauchen aber mindestens vier Tage und Power in den Beinen.

to see

4 Die Pazifikküste

Trubel und Party gibt's woanders. Hier herrscht Stille. Keine Autos, kein Stress. Nur kilometerlange, einsame Strände und dichter Urwald. Mehr los ist zwischen Juli und Oktober. INSIDER TIPP Dann ziehen Buckelwale die Küste hoch. Ihre Freudensprünge kannst du hautnah miterleben.

5 Chicamocha-Schlucht

Klettern, Paragliden oder nur mal mutig über die Kante kieken: Die Chicamocha-Schlucht in der Provinz Santander ist 1000 m tief. Unten kannst du wandern, oben Seilbahn fahren, drum herum liegen einige der schnuckeligsten Städtchen des Landes: Zapatoca, Barichara und Curití.

6 Casa de la Memoria

Kolumbiens Identität ist auch von Gewalt geprägt. Oft erfahren Reisende von den lebensfrohen Einheimischen etwas über den einstigen Drogenkrieg, die Guerillas oder Paramilitärs. Gebündelt und gut aufgearbeitet sind die Informationen im „Haus der Erinnerung" in Medellín.

KOLUMBIEN

Hauptstadt: Bogotá
Sprache: Spanisch
Einwohner: 52 Mio.
Währung: Peso Colombiano
Anreise: Aus Deutschland geht es von Frankfurt/M. mit Lufthansa in 11 Std. direkt nach Bogotá. Direktflüge anderer Airlines aus Europa auch nach Cartagena, Medellín und Cali
Mehr Infos: colombia.travel/de

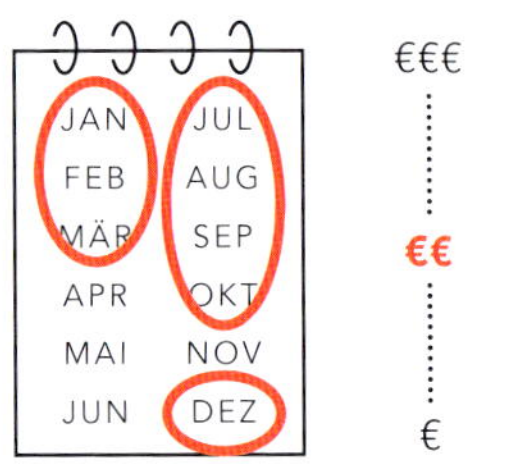

BESTE REISEZEIT

BUDGET SKALA

Zum Cupping gehört das Schlürfen

In der Kaffeezone im Herzen des Landes gibt es nicht nur ausgezeichneten Kaffee, sondern auch Bergwanderungen für jedes Niveau.

Er ist noch ganz gut in Schuss und liegt gleich an der Straße: der Prasat Neang Khmau, der „Tempel der Schwarzen Frau".

Kambodscha ist mehr als Angkor Wat. Wer kennt Koh Ker? Mitten im Dschungel liegt die über 1000 Jahre alte Khmer-Stadt. Mit ein bisschen Glück hast du die Unesco-Welterbestätte ganz für dich allein.

KOH KER

5

Fast völlig vergessen überdauerte Koh Ker die Jahrhunderte im dichten Grün. Dabei war Lingapuram, wie die Stadt damals hieß, das Zentrum des mächtigen Khmer-Reiches: von 928 bis 944, bis die nachfolgenden Könige nach Angkor zogen. Nach und nach übernahm der üppig wachsende Dschungel die Stadt. Geblieben sind nur die steinernen Zeugen, vor allem Tempel und Klöster, denn das einfache Volk wohnte in schlichten Holzhäusern, wie sie heute noch in der Gegend zu sehen sind. Im riesigen Gelände kannst du locker ein paar Stunden verbringen und immer wieder neue, spannende Ecken entdecken. Mittendrin prangt als unübersehbares Highlight die prachtvolle, siebenstufige Pyramide (Prang), ganze 36 m hoch. Sie diente dem König als Staatstempel und ist den Pyramiden der Azteken gar nicht so unähnlich. Einigen Ruinen, wie dem Prasat Banteay Pi Choan, sieht man an, dass nicht nur der Zahn der Zeit an ihnen genagt hat, sondern auch rohe Gewalt: Ende der 1970er-Jahre hatten sich hier Reste der Roten Khmer verschanzt. Die Minen aus dieser Zeit gelten als geräumt, sicherheitshalber sollte man trotzdem nicht einfach quer durch den Dschungel laufen.

Im dichten Grün überdauert

to do

1 Feel like a king

Kletter auf die Königspyramide und genieß die Aussicht! Der Aufgang ist über eine Holztreppe an der Nordwestecke möglich. **INSIDER TIPP** Ganz oben, wo früher der heilige Lingam stand, gähnt jetzt ein Loch, in das die Einheimischen Geldscheine werfen – mach auch ein paar Scheinchen locker, das bringt Glück!

2 Grab des weißen Elefanten

Hinter dem Pyramiden-Tempel, außerhalb der umgebenden Mauer, wurden einst des Königs weiße Elefanten beerdigt. Das Grab selbst (eher ein Hügel) kannst du nur erahnen, aber den kleinen Schrein davor kaum verfehlen: Die Einheimischen bringen hier bis heute Opfer dar.

3 Lokale Snacks probieren

Am Parkplatz, wo die Taxis und inzwischen auch der ein oder andere Tourbus halten, findest du ein paar Garküchen und winzige Restaurants: Lass dich zu einem Teller Amok (Khmer-Curry) oder zu ein paar gegrillten Bananen verführen!

to see

4 Prasat Krohom

Die Tempelgruppe 1 mit der Pyramide umfasst auch die ältesten Bauwerke der Anlage. Als Erstes sieht man den Prasat Krohom („Roter Tempel"). Auf einem Türsturz erkennst du einen dreiköpfigen Elefanten, auf dem der Gott Indra reitet – vor 1000 Jahren war Kambodscha hinduistisch.

5 Prasat Thom

Vom Roten Tempel aus kommst du über einen Damm zum Hauptheiligtum Prasat Thom. Die Ziegelsteintürme sind zusammengefallen. Überall siehst du, wie der Zahn der Zeit an den Bauwerken genagt hat. Der Atmosphäre tut das keinen Abbruch – im Gegenteil!

6 Prasat Kra Chap und Prasat Pram

In den Gruppen 2 und 3 geht es sehr ruhig zu. Dort findest du etwa den Prasat Kra Chap mit Inschriften aus dem 10. Jh. und den Prasat Pram, von dessen fünf Türmen einer komplett von Würgefeigen umschlossen ist – „Tomb Raider"-Feeling inklusive!

KOH KER

Land: Kambodscha
Sprache: Khmer
Einwohner: 500
Währung: Riel
Anreise: Mit dem Taxi aus Siem Reap (120 km) ist man in ca. zwei Stunden da. Vom Eingang in Srayong Rundfahrt mit dem Motorradtaxi
Mehr Infos: whc.unesco.org/en/list/1667

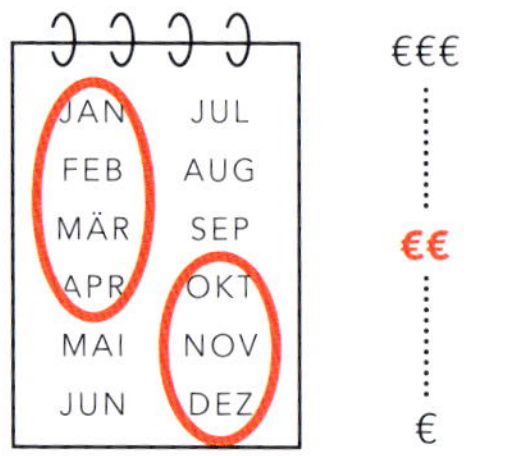

BESTE REISEZEIT

BUDGET SKALA

Keine Angst: Auf den Haupttempel Prasat Thom geht's nicht über diesen verfallenen Aufgang hoch, sondern über eine neue Treppe hinten.

Besser als Bus fahren: Mit den kleinen hölzernen Ruderbooten kommt man auf den Flüssen und Seen Benins schnell überallhin.

6

WELTWEIT

BENIN

Urlaub in Benin –
da muss man erst mal drauf kommen.
Dabei bietet das kleine westafrikanische
Land genau die richtige Mischung
aus Erholung und Kultur.

Relaxen im Bananenhain, afrikanische Kultur erleben und ergreifende Zeugnisse aus der Geschichte der Sklavenzeit besuchen – in jedem Ort gibt es etwas zu sehen oder zu unternehmen, aber weil der Transport nicht so verlässlich ist, plant man lieber nicht zu eng. Dafür sitzt du wie die Einheimischen öfter mal in einfachen Straßenbars bei Bier oder Limo und siehst dem bunten Leben zu, das sich in Benin größtenteils auf der Straße abspielt. Von Ouidah aus starteten noch bis ins 19. Jh. viele der Schiffe, die afrikanische Gefangene als Sklav:innen nach Amerika brachten. Spuren dieser traumatischen Sklaventransporte sind noch zu sehen, zum Beispiel der „Baum des Vergessens", den die Gefangenen damals neunmal umrunden mussten, um so ihre Vergangenheit hinter sich zu lassen. Voodoo ist hier eine offizielle, staatlich anerkannte Religion. Aber wenn du jetzt an Wachspuppen und Stecknadeln denkst: völlig falsch! Es geht um positive Energie aus der Natur und von den Ahnen. In vielen Orten gibt es Voodoo-Tempel und heilige Haine, und mit etwas Glück kannst du sogar eine Voodoo-Zeremonie miterleben.

to do

to see

1 Mit dem Boot nach Ganvié

Das Dorf Ganvié steht auf Stelzen mitten in einem von Schilf umwachsenen See. Ein ganzer Stamm flüchtete sich im 18. Jh. vor den Sklavenhändlern des Königs in den See. Die erfolglosen Soldaten ließen sich am Ufer nieder, um nicht den Zorn des Königs zu spüren zu bekommen. Heute ist die Bootsfahrt ein toller Ausflug von Cotonou aus.

2 Bio in Benin

Yams, Biber und Ökostrom: Das Songhai Center ist eine ganzheitliche Farmkooperative am Rand von Porto Novo. Neben dem Anbau und Verkauf von Bio-Lebensmitteln geht es um Energie und Ressourcennutzung, Recycling und Ausbildungschancen.

3 Voodoo live!

Mit etwas Glück findet irgendwo gerade eine Voodoo-Zeremonie statt, bei der die Noviz:innen des Ortes vor ranghohen Geistlichen tanzen. **INSIDER TIPP** Im Python-Tempel von Ouidah dürfen mutige Gäste die heiligen Schlangen streicheln.

4 Porto Novo

Die Hauptstadt im Osten Benins ist von afrobrasilianischer Architektur geprägt. Nachkommen schwarzer Sklav:innen aus Südamerika haben den farbenfrohen Baustil im 19. Jh. in die Heimat ihrer Vorfahren zurückgebracht.

5 Moderne Kunst

Du begeisterst dich für zeitgenössische Kunst? In Benin unterhält die Fondation Zinsou gleich mehrere Museen – in der Metropole Cotonou und in Ouidah an der Küste. Die sorgfältig und schön präsentierten Wechselausstellungen zeigen westafrikanische Gegenwartskunst.

6 Sklavenroute

Auf mehreren Stationen wird bei Ouidah die Route der Menschen nachgezeichnet, die im 19. Jh. von – größtenteils einheimischen – Menschenjägern eingefangen und zur Küste getrieben wurden. Dort erinnert ein eindringliches Denkmal an die Gefangenen auf europäischen Sklavenschiffen.

BENIN

Hauptstadt: Porto Novo
Sprache: Französisch
Einwohner: 13 Mio.
Währung: CFA-Franc
Anreise: Zum Flughafen von Cotonou mit Air France (über Paris) oder Brussels Airlines (über Brüssel). Oder über Land von Nigeria oder Togo
Mehr Infos: ambassade-benin.de

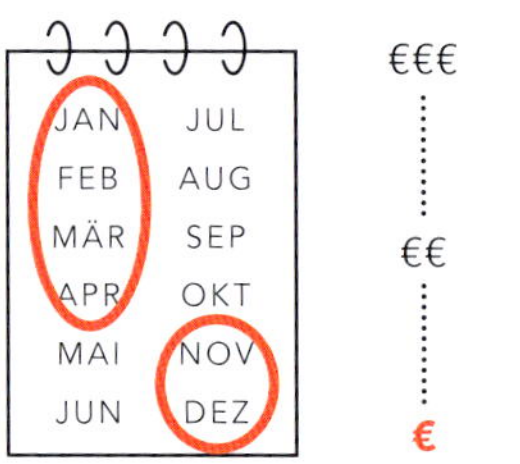

BESTE REISEZEIT

BUDGET SKALA

Wer noch Ketten oder Rasseln für eine Voodoo-Zeremonie braucht, ist an diesem Straßenstand in Ouidah genau richtig.

Lust auf Neues? Im Mercado Roma testen angehende und etablierte Chefköche in ihren Outlets ihre Kreationen. Aber Vorsicht, der Markt macht süchtig!

Die größte spanischsprachige City ist grün, hip, setzt Trends und bietet einen bunten Mix an Attraktionen. Kein Wunder, dass das Magazin „Time Out" sie 2023 zur World's Best City for Culture kürte.

MEXIKO-STADT

7

Viva Mexico! Und wie! Mexico City ist bunt, atemlos, laut und, jawohl, zugleich voller stiller Winkel. Jedes Viertel hat seinen ureigenen Charakter von hip bis beschaulich, von historisch bis modern, marode bis farbenfroh. Die Synthese aus Alt und Neu, Markt und Kultur, Eigenem und Fremdem, Stabilität und Mobilität ist hier vollauf gelungen. Doch es sind nicht nur Äußerlichkeiten, die begeistern. Es herrscht eine ungeheure Herzlichkeit unter den Menschen, eine mitreißende Leichtigkeit des Seins. Fragt man die Einheimischen, wo es denn am schönsten ist, antworten sie: „Im Grunde ist es doch schön, einfach nur da zu sein". Kulturbegeisterte haben die Qual der Wahl aus Hunderten Museen und Galerien. Der architektonische Bogen spannt sich vom Mittelalter bis in die Moderne. In weitläufigen Parks wird eifrig Sport getrieben, getanzt und musiziert. Radfahren ist Kult geworden und auch am Abend in größeren Gruppen populär. Trau dich einfach! Der Hoffnungsträger zur Verbesserung der Verkehrsanbindung heißt „Sistema de Transporte Público Cablebús": Die Seilbahnen verkürzen die Transportzeiten aus den Vororten ins Zentrum. Nebeneffekt: Die Gondeln entschleunigen wunderbar. Auch so geht Mexico City.

Viva Mexiko! Und wie!

to do

1 Schwimmende Gärten

Mexico City ist von Kanälen durchzogen. In Xochimilco kannst du einen bunten Kahn mit Bootsführer chartern. **INSIDER TIPP** Mach's wie die Locals: Die feiern auf den Booten Partys. Schwimmende Händler:innen sorgen für den Getränkenachschub.

2 Happening on Bikes

Kein Scherz! Jeden Sonntag wird der 16 km lange Paseo de la Reforma für den Autoverkehr gesperrt. Leih dir ein Rad und fahr los: vor, neben und hinter dir Radelnde aller Altersstufen, bummelnd oder rasant. Ein bisschen fühlt es sich an, als würde die ganze Stadt einen Ausflug unternehmen.

3 Schminken für den Tod

Klingt gruselig, ist es aber gar nicht. In den Tagen vor Allerheiligen wird die ganze Stadt fieberhaft geschmückt, und überall kann man sich für den Día de los Muertos schminken lassen – je ausgefallener, desto besser. Wer das Sterben so feiern kann, schließt den Tod nicht aus dem Alltag aus. Es lebe der Tod!

to see

4 Plaza Garibaldi

Am Tag ein unbedeutender Platz, verwandelt sich die Plaza ab den frühen Abendstunden in einen bunten Open-Air-Konzertsaal. Dutzende Mariachi-Bands spielen dann um die Wette und für einen Obolus auch in den umliegenden Restaurants. Viele üben einfach nur, aber alle hoffen auf ein Engagement zu einer Feier.

5 Bosque de Chapultepec

Der riesige Park im Zentrum ist die grüne Lunge der Stadt. Hier wird gejoggt, in stillen Winkeln trainiert, an Seen geträumt und im Schatten ausgeruht. Dir ist eher nach Kultur? Dann besuch den Botanischen Garten, das Chapultepec-Schloss oder das Museum für Anthropologie.

6 Villa Coyoacán

Mexico City ist *pura vida*, und in diesem Stadtviertel umfängt sie dich an jeder Straßenecke. Im Zentrum lädt das Frida-Kahlo-Museum zu einer Stippvisite ein. Die Straßen werden von trendigen Cafés und Galerien gesäumt. Lass dich treiben!

MEXIKO-STADT

Land: Mexiko
Sprache: Spanisch
Einwohner: 22,5 Mio.
Währung: Mexikanischer Peso
Anreise: Flüge ab Frankfurt/M., München und via viele europäische Flughäfen zum Benito Juárez International Airport. Dort ist die U-Bahn 5 ans Zentrum angeschlossen.
Mehr Infos: mexicocity.cdmx.gob.mx

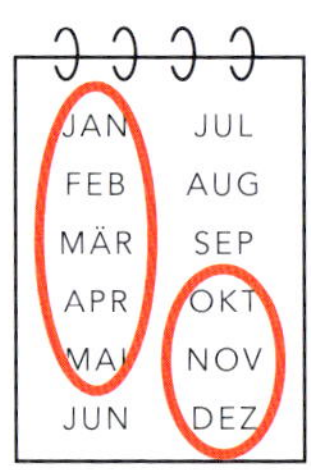

BESTE REISEZEIT

BUDGET SKALA

Mach's wie die Locals: Die feiern auf den Booten Partys

Kanäle ohne Ende, Party ohne Ende! Doch es geht auch ganz ruhig. Die Schwimmenden Gärten von Xochimilco sind so weitläufig, dass für jeden Geschmack etwas dabei ist.

Grün, grüner, am grünsten – im hohen Norden Vietnams, an der Grenze zu China, wetteifern Wälder und Felder um den schönsten Farbton.

Auf ins Abenteuer! Unvergessliche Erinnerungen sind garantiert, wenn es hoch im Norden Vietnams in eine unwirkliche Szenerie aus steilen Berghängen und tiefen Flusstälern geht.

DONG-VAN-KARSTPLATEAU

8

Die fast 400 km lange Rundtour, meist nur The Loop genannt, führt mitten ins Dong-Van-Karstplateau. Los geht's in Ha Giang: Hier bekommst du alles, was du für den Trip brauchst. Traveler aus aller Welt finden sich zusammen, bilden kleine Gruppen und ziehen dann gemeinsam los. Eine Fahrt wie eine Zeitreise: Mehr als ein Dutzend ethnolinguistische Gruppen siedeln in den abgelegenen Tälern. Viele leben noch wie vor Hunderten von Jahren. Auf den Märkten siehst du sie in ihrer traditionellen Kleidung; vor allem die Blumen-H'mong fallen mit ihren kunterbunten Trachten ins Auge. Vielleicht wohnst du sogar bei ihnen zu Hause, denn „Homestay" ist hier die beste Art der Unterkunft: ganz nah dran, gemeinsames Essen mit der Familie inklusive (und Trinken – der Reiswein hat's in sich). Egal ob du selbst fährst oder dich fahren lässt: Drei bis fünf Tage solltest du einplanen, unterwegs gibt's viel zu sehen. Außerdem sind jede Menge Abstecher möglich, die in noch abgelegenere Regionen führen, bis an die grüne Grenze zu China. Doch je weiter du dich abseits ausgetretener Pfade rumtreibst, desto vorsichtiger solltest du sein: Hier bist du ganz auf dich gestellt.

Eine Fahrt wie eine Zeitreise

to do

1 Das Tor zum Himmel

Die Straße zwischen Dong Van und Meo Vac ist eine der spektakulärsten von ganz Südostasien. Am legendären Mai-Pi-Leng-Pass erfährst du, wie sie gebaut wurde. Oberhalb windet sich der Sky Path durch die Hänge – der dramatischste Wanderweg, den Vietnam zu bieten hat.

2 Tief im Canyon

Wenn du mit einer organisierten Tour unterwegs bist, kannst du einen Bootstrip auf dem Nho-Que-Fluss machen. Er schlängelt sich durch den viele hundert Meter tiefen, schmalen Tu-San-Canyon. Fast senkrecht ragen die Felswände in die Höhe.

3 Shoppen wie die Einheimischen

Misch dich unters Volk und bummle über jeden Markt, an dem du vorbeikommst: Näher kannst du dem Alltag der Einheimischen kaum kommen. **INSIDERTIPP** Plane so, dass du an einem Sonntag in Dong Van oder Meo Vac bist – dann ist auf den Märkten am meisten los!

to see

4 Nördlichster Punkt

Lohnend ist ein Abstecher zum nördlichsten Punkt Vietnams – das ist nicht der berühmte Flaggenmast Cot Co Lung Cu (dessen Besuch dennoch lohnt: Wenn du die 707 Stufen erklimmst, hast du einen tollen Blick hinüber nach China), sondern eine kleine Aussichtsplattform knapp 3,5 km weiter.

5 Lung-Khuy-Höhle

Auf dem ersten Abschnitt von The Loop solltest du die Lung-Khuy-Höhle besuchen. Sie zieht sich ungefähr 500 m in den Berg und ist mit einem befestigten Steg erschlossen. Die irren, beleuchteten Tropfsteinformationen muss man gesehen haben!

6 Lungcam Cultural Tourist Village

Das Museumsdorf ermöglicht Einblicke in die traditionellen Lebensumstände der H'mong. Highlight ist das Haus des reichen Opiumhändlers Mua Sua Pao: Bis in die 1960er-Jahre hinein war in dieser Region Schlafmohn die Haupteinnahmequelle.

DONG-VAN-KARSTPLATEAU

Land: Vietnam
Sprache: Vietnamesisch, H'mong
Währung: Dong
Anreise: Von Vietnams Hauptstadt Hanoi sind es mit dem Bus zum Ausgangspunkt Ha Giang rund sechs Stunden; Abfahrt entweder frühmorgens oder abends mit dem Nachtbus.
Mehr Infos: dongvangeopark.com

JAN	JUL
FEB	AUG
MÄR	SEP
APR	OKT
MAI	NOV
JUN	DEZ

BESTE REISEZEIT

€€€
€€
€

BUDGET SKALA

Auf ins Abenteuer!

Liegt zu Fuß (anstrengende) 15 Minuten abseits der Straße: Die Lung-Khuy-Höhle ist den Abstecher auf jeden Fall wert.

9

WELTWEIT

NEUSEELAND

Schwing dich in den Sattel! Neuseeland 2025 – das entdeckt man auf dem Drahtesel! Die 23 Great Rides, mal Spazierfahrt, mal Kraftakt, verteilen sich über die ganze Nord- und Südinsel.

Weil langsam schneller glücklich macht! Auf den Great Rides zu den Naturschätzen Neuseelands, je nach Route auch an der Küste entlang.

Ngā Haerenga, „die Reisen", heißen die Great Rides in der Sprache der Māori. Sie komplementieren Neuseelands bekannte „Great Walks". Vor 15 Jahren ins Leben gerufen und seitdem stetig erweitert, schließt das Netzwerk heute 23 der schönsten Radwege ein – präzise geplant, beschrieben und ausgeschildert. Auf dem Sattel geht es durch Berge und Täler, Wälder und Weinreben, zu Seen und Aussichtspunkten und vorbei an beliebten Attraktionen. Und das, ganz ohne das Klima zu belasten. Um die Auswahl zu erleichtern, sind die Rides in Kategorien eingeteilt: von Stufe Lass-uns-nochmal-kurz-halten-und-Wein-verkosten bis zur Stufe Diese-Bergkante-darfst-du-nicht-zu-langsam-nehmen. Zu den Favoriten zählen der Lake Dunston Trail, eine 55-km-Tour entlang des Stausees gleichen Namens, und der viertägige West Coast Wilderness Trail durch Regenwald und Flusstäler. Übrigens: Man muss nicht durchtrainiert sein, die meisten Radverleihe bieten auch E-Bikes, und du wirst bestimmt nicht schief angeschaut, wenn du den einen oder anderen Anstieg dem Motor überlässt – versprochen!

to do

to see

1 Der Längste: Alps 2 Ocean

Der längste Great Ride führt von den Gletschern des höchsten Berges Aoraki/Mount Cook bis an die Küste bei Oamaru – 322 km (größtenteils bergab) mit vielen Gelegenheiten, vom Sattel zu steigen und die Umgebung zu erkunden oder die Füße im kalten Wasser zu baden.

2 Der Jüngste: Whakarewarewa Forest Loop

2021 eröffnet und damit der Jüngste unter den Great Rides, führt der Rundweg in drei bis fünf Stunden (33 km) unter dichten Farnen und riesigen Mammutbäumen hindurch. Eines der Highlights ist der Blue Lake – an heißen Tagen eine super Abkühlung.

3 Der Abenteuerliche: The Old Ghost Road

Abenteuer gefällig? Dann bist du am Magical Ghost Lake genau richtig. Der 85 km lange Track liegt im wilden Nordwesten der Südinsel und empfielt sich für erfahrene Mountainbiker:innen. Plan eine Übernachtung in der Ghost Lake Hut auf 1200 m ein!

4 Lake Taupo

Der Blick über den riesigen See vor den schneebedeckten Gipfeln des Tongariro National Parks raubt auch den erfahrensten Globetrottern den Atem. Umso mehr, wenn man mit dem Rad anreist. Der Taupo Trail führt auf einer Strecke von 41 km zum See.

5 Queenstown

Die hübsche Stadt im alpinen Süden ist die urbane Spielwiese für abenteuerlustige Traveler. Bungee-Jumping und Heliskiing stehen auf dem Programm. Außerdem starten von hier tolle Radwege wie der Queenstown Trails Great Ride.

6 Hot Tubs Omarama

Die riesigen Holzfässer mit heißem Wasser bei Omarama auf etwa halber Strecke entlang des Alps 2 Ocean Tracks sind die perfekte Gelegenheit, den müden Knochen eine Auszeit zu gönnen. **INSIDER TIPP** Die Hot Tubs liegen am Rande des Dark Sky Reserve, also am besten erst nach Sonnenuntergang kommen, um den Sternenhimmel zu bewundern.

NEUSEELAND

Hauptstadt: Wellington
Sprache: Englisch, Māori
Einwohner: 5,1 Mio.
Währung: Neuseeland-Dollar
Anreise: Flüge mit mindestens einem Umstieg nach Auckland, Christchurch, Wellington und Queenstown. Flugzeit etwa 22 Stunden
Mehr Infos: Great Rides App, nzcycletrail.com, newzealand.co

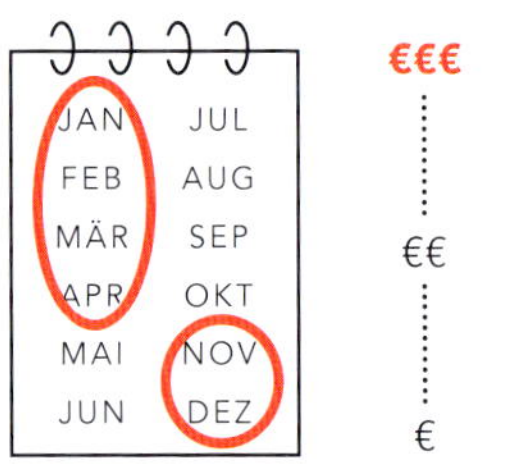

BESTE REISEZEIT

BUDGET SKALA

Durch exotische Wälder, über Berge und ganze 35 Brücken führt der Timber Trail im Pureora Forest Park im Herzen der Nordinsel.

Eine ganze Stadt träumt Kinoträume: Wer Glück hat, kann bei einer Premiere vor dem berühmten Chinese Theatre Hollywood-Stars live erleben.

20|25!

Die „Stadt der Engel" ist sicher kein Geheimtipp. Und doch ist 2025 ein besonderes Jahr – mit der Eröffnung des Lucas Museum of Narrative Art ist L.A. um eine weitere Attraktion reicher.

LOS ANGELES

10

Sieht man Entwürfe des Lucas Museum of Narrative Art, fühlt man sich erst mal im falschen Film. Buchstäblich. Denn der futuristische Bau wirft unwillkürlich die Frage auf: Ist „Star Wars"-Erfinder George Lucas zu „Star Trek" übergelaufen? Mit seiner eleganten Linienführung wirkt das Museum wie eins der neueren Raumschiffmodelle der Sternenflotte und nicht, als käme es aus dem Todesstern-Universum. Wie auch immer, wenn sich 2025 die Türen in der Fassade aus 1500 individuell gefertigten Polymer-Kacheln öffnen, wird man Darth Vader, R2-D2 und den Skywalkers nur am Rande begegnen. Das Lucas Museum beschäftigt sich nämlich nicht mit der Karriere des Regisseurs, sondern mit der Kunst des visuellen Geschichtenerzählens ganz allgemein, ob als Gemälde, Comic, Skulptur, Foto oder Performance. Damit sieht es die „New York Times" als herausragende Neuerung in der Kulturszene L.A.s, selbst unter solch Kunstschwergewichten wie den David Geffen Galleries (Eröffnung 2025), dem Hammer Museum (Sanierung 2024 beendet) oder dem wenige Jahre alten Academy Museum of Motion Pictures. Allein diese vier Museen rechtfertigen den Trip in die Stadt der Engel.

Die Kunst des Visual Storytelling

to do

to see

1 Erleb die Film- und TV-Welt

Mal auf dem Big-Bang-Theory-Sofa lümmeln oder in Harry Potters Kammer unter der Treppe linsen – bei der Tour durch die Warner Brothers Studios kein Problem. INSIDERTIPP Stars hautnah erlebst du bei den täglichen Talkshows (Karten unter 1iota.com).

2 Welcome to the Jungle

In den Livemusik-Clubs und Rock-Schuppen entlang des Sunset Strip sind sie alle aufgetreten, Musiklegenden wie Guns N' Roses, Van Halen, Elton John, Kiss oder die Doors. Lass dich im Whisky a Go Go oder im Viper Room von Drums, Guitars und schierer Lautstärke umblasen.

3 Schieß dein L.A.-Bild

Das Hollywoodzeichen musst du unbedingt aufs Bild kriegen! Eine anstrengende Wanderung zum Mount Lee Drive belohnt mit einem Panoramablick aufs San Fernando Valley samt dem Zeichen von hinten. Von vorne bekommst du die legendären Buchstaben vom Deronda Drive aus aufs Bild.

4 Chinese Theatre

Das Chinese Theatre, das aussieht wie eine chinesische Pagode, ist nicht nur ein Premieren-, sondern auch ein ganz normales Kino für jedermann. Berühmt ist es zudem für den nahen Hollywood Walk of Fame mit den Hand- und Fußabdrücken der Stars im Bürgersteig.

5 Venice Beach

Such dir ein Plätzchen am Strand, lehn dich zurück und schau dem Zirkus zu, der sich auf der Strandpromenade abspielt: Muskelfrauen und -männer, Surfer:innen, Skateboarder, Akrobat:innen, Inlineskater – und irgendwann geht die Sonne unter und du fühlst dich selbst wie im Film.

6 Griffith Observatorium

Wo James Dean in „Denn sie wissen nicht, was sie tun" zum tödlichen Autorennen antrat, liegt dir L.A. zu Füßen. Besonders schön ist es auf der Terrasse des Planetariums (tolle Sternenshows!) in der Blauen Stunde, wenn sich die Stadt abendfein macht und ihre Lichter anzündet.

LOS ANGELES

Bundesstaat: Kalifornien
Einwohner: 18,5 Mio. (Großraum)
Anreise: 11,5 Sunden dauert der Flug aus Europa, Lufthansa fliegt direkt ab Frankfurt/M. Vom Los Angeles International Airport (LAX) verkehren verschiedene Busse, die Metro C Line, Taxis und Fahrdienste wie Uber und Lyft. Am flexibelsten bist du mit dem Mietwagen.
Mehr Infos: discoverlosangeles.com

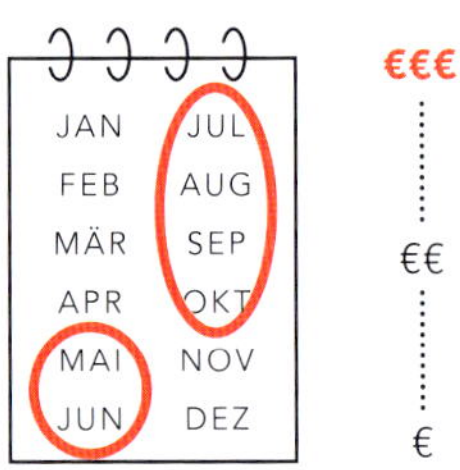

BESTE REISEZEIT

BUDGET SKALA

Dr. Silke Borgstedt

Dr. Silke Borgstedt ist Geschäftsführerin am SINUS-Institut. Sie forscht u. a. zu gesellschaftlicher Transformation, Nachhaltigkeit und Alltagsästhetik und begleitet öffentliche Einrichtungen sowie Privatunternehmen in der strategischen Zukunftsausrichtung.

Persönliches Lieblingsziel:
La Maddalena

Prof. Harald Zeiss

Harald Zeiss ist Tourismus-Experte und seit 2011 Professor an der Hochschule Harz in Wernigerode. Seine Forschungsschwerpunkte sind Nachhaltigkeit und Internationaler Tourismus.

Persönliches Lieblingsziel:
Pilgerwege im Alpenraum

Dr. Stephanie Mair-Huydts

Die Verlegerin leitet das Medienhaus MAIRDUMONT bereits in dritter Generation. In ihrer Freizeit reist sie leidenschaftlich gern mit ihrer Familie, etwa nach Asien oder in die Bretagne.

Persönliches Lieblingsziel:
Zürich

Anja Kirig

Anja Kirig arbeitet seit 2005 als Zukunfts- und Trendforscherin, u. a. freiberuflich für die Zukunftsinstitut GmbH Frankfurt/Wien. Ein Schwerpunkt ihrer Forschung liegt dabei auf der Tourismus- und Freizeitkultur.

Persönliches Lieblingsziel:
Wales

Jens Bey

Jens Bey schreibt als MARCO POLO Autor u. a. über seine Heimatstadt Stuttgart. Unterwegs zu sein ist sein Credo, ob Asien, Amerika oder Australien – und dazu, wenn möglich, mit dem Camper.

Persönliches Lieblingsziel:
Los Angeles

Jan Düker

Seit mehr als 20 Jahren betreut Jan Düker als Lektor Reisebuchprojekte – vom Bildband bis zur Backpacker-Bibel. Seine Herzensregion Südostasien durchstreift er auch regelmäßig als Autor.

Persönliches Lieblingsziel:
Kanada

REGISTER

BILDNACHWEIS

Andrea Pfeifer: S. 185 Mitte
Christian Wyrwa: S. 184 Mitte
DuMont Bildarchiv, Ostfildern: S. 123 (Frank Heuer); 17, 104 (Peter Hirth); 24/25 (Udo Bernhart)
Getty Images, München: S. 115 (PETRAS MALUKAS); 108/109 (REDA&&CO); 8/9 (REDA& CO); 180 (VALERIE MACON)
Huber Images, Garmisch-Partenkirchen: S. 92 (Gabriele Croppi); 112/113 (GERAULT Gregory/hemis/laif); 119 (Martin/Le Figaro Magazine/laif); 84, 96/97 (Reinhard Schmid)
Industriemuseum Chemnitz: S. 51 (Wolfgang Schmidt)
Jan Düker: S. 185 u.
Klimahaus Bremerhaven: S. 31 (Laurence Delderfield)
laif, Köln: S. 160 (Philippe Body/hemis)
Lookphotos, München: S. 43 (Daniel Schoenen Fotografie); 71 (Meinhardt, Olaf)
Mark Markand, Freusberg: S. 172, 175
Mauritius Images, Mittenwald: S. 167 (Alamy Stock Photos/Anton Ivanov); 39 (Alamy Stock Photos/blickwinkel/Herrmann); 179 (Alamy Stock Photos/Geoff Marshall); 10/11 (Alamy Stock Photos/Jui-Chi Chan); 4 re., 168 (Alamy Stock Photos/Lindsay Lauckner Gundlock); 151 (Alamy Stock Photos/Malcolm Fairman); 60 (Alamy Stock Photos/Natalia Dolgosheeva); 100 (Alamy Stock Photos/Percy Ryall); 91 (Alamy Stock Photos/Tuul); 145 (Alaska Stock/Debra Garside); 111 (CuboImages/Enrico Spanu); 59 (imageBROKER/Sylvio Dittrich); 146/147 (nature picture library/David Noton); 5 li., 28 (Pitopia/Gabriele Rohde); 135 (robertharding/Laura Grier); 107, Innenklappe hinten, klein (VIEW Pictures); 52 (Volker Preusser)
picture alliance, Frankfurt a. Main: S. 36 (Bodo Schackow); 40 (Fabian Stratenschulte); 23 (Patrick Pleul); 64/65 (Paul Glaser); 20 (Westend61/Markus Keller)
Shutterstock.com, Amsterdam (NL): S. 14/15 (Achim Wagner); 116 (Allard One); 5 re., 78/79 (Alxcrs); 67 (Andrew Mayovskyy); 164/165 (Anton_Ivanov); 131 (BearFotos); 35 (Benny Marty); 163 (Bossa Art); 6/7 (canadastock); 55 (Creativan); 82/83 (DaLiu); 63 (encierro); 142 (Fiona M. Donnelly); 81 (Fotokon); 27, Innenklappe vorn, klein (Gina Power); 155 (HendrikVideos); 87 (JaySi); 99 (Kartinkin77); 159 (Kristopher Blais); 171 (Liz Pichardo); 156, Klappe vorn (Ludmila Ruzickova); 139, Klappe hinten (Lukassek); 136/137 (malgosia janicka); 127 (mastapiece); 132 (Mathias Berlin); 124/125 (MehmetO); 176/177 (Milosz Maslanka); 32/33 (NOOR RADYABINTI MD RADZI); 120/121 (pxl.store); 68/69 (rphstock); 148 (Sean Pavone); 47 (shutternelke); 4 li., 152 (Sopotnicki); 75 (Stefan Schurr); 88 (Theastock); 103 (travelwild); 48 (Tupungato); 72 (uslatar); 56 (Vadym Lavra); 128 (Visionsi); 2 (Vladislav Gajic); 3 (Wirestock Creators); 95 (ZGPhotography)
SINUS-Institut: S. 184 o.
Stiftung Bauhaus Dessau: S. 18/19 (Foto: Meyer, Thomas, 2019/OSTKREUZ)
street-a-tag, Wuppertal: S. 44, Innenklappe vorn, groß
Urs Bauer: S. 185 o.

Umschlagvorderseite: Segelboot vor der Insel Antiparos, Griechenland (Huber Images, Garmisch-Partenkirchen: Reinhard Schmid)
Umschlagrückseite: Nova Gorica, Slowenien (Huber Images, Garmisch-Partenkirchen: Franco Cogoli)

ALLE **MARCO POLO** REISEFÜHRER

DEUTSCHLAND

Allgäu
Bayerischer Wald
Berlin
Bodensee
Chiemgau/Berchtesgadener Land
Dresden/Sächsische Schweiz
Düsseldorf
Eifel
Föhr & Amrum
Franken
Frankfurt
Hamburg
Harz
Heidelberg
Köln
Leipzig
Lüneburger Heide/Wendland
Mecklenburgische Seenplatte
Mosel
München
Nordseeküste Schleswig-Holstein
Oberbayern
Ostfriesische Inseln
Ostfriesland/Nordseeküste Niedersachsen/Helgoland
Ostseeküste Mecklenburg-Vorpommern
Ostseeküste Schleswig-Holstein
Pfalz
Potsdam
Rügen/Hiddensee/Stralsund
Ruhrgebiet
Schwarzwald
Stuttgart
Sylt
Usedom/Greifswald
Weimar

ÖSTERREICH SCHWEIZ

Kärnten
Österreich
Salzburger Land
Schweiz
Steiermark
Tirol
Wien
Zürich

FRANKREICH

Bretagne
Burgund
Côte d'Azur/Monaco
Elsass
Frankreich
Französische Atlantikküste
Korsika
Languedoc-Roussillon
Loire-Tal
Nizza/Antibes/Cannes/Monaco
Normandie
Paris
Provence

ITALIEN MALTA

Apulien
Elba/Toskanischer Archipel
Emilia-Romagna
Florenz
Gardasee
Golf von Neapel
Ischia
Italien
Italienische Adria
Italien Nord
Italien Süd
Kalabrien
Ligurien/Cinque Terre
Mailand/Lombardei
Malta & Gozo
Oberital. Seen
Piemont/Turin
Rom
Sardinien
Sizilien/Liparische Inseln
Südtirol
Toskana
Venedig
Venetien & Friaul

SPANIEN PORTUGAL

Algarve
Andalusien
Azoren
Barcelona
Baskenland/Bilbao
Costa Blanca
Costa Brava
Costa del Sol/Granada
Fuerteventura
Gran Canaria
Ibiza/Formentera
Jakobsweg Spanien
La Gomera/El Hierro
Lanzarote
La Palma
Lissabon
Madeira
Madrid
Mallorca
Menorca
Nordspanische Küste
Porto
Portugal
Spanien
Teneriffa
Valencia

NORDEUROPA

Bornholm
Dänemark
Finnland
Island
Kopenhagen
Norwegen
Oslo
Schweden
Stockholm
Südschweden

FÜR IHRE NÄCHSTE REISE ...

WESTEUROPA BENELUX

Amsterdam
Brüssel
Cambridge
Cornwall & Devon
Dänemark Nordseeküste
Dublin
Edinburgh
England
Flandern
Irland
Kanalinseln
London
Luxemburg
Niederlande
Niederländische Küste
Oxford
Rotterdam & Den Haag, Delft
Schottland
Südengland

OSTEUROPA

Baltikum
Budapest
Danzig
Krakau
Masurische Seen
Moskau
Polen
Polnische Ostseeküste/ Danzig
Prag
Slowakei
St. Petersburg
Tallinn
Tschechien
Ungarn
Warschau

SÜDOSTEUROPA

Bulgarien
Bulgarische Schwarzmeerküste
Kroatische Küste Dalmatien
Kroatische Küste Istrien/Kvarner
Montenegro
Rumänien
Slowenien

GRIECHENLAND TÜRKEI ZYPERN

Athen
Chalkidikí/ Thessaloníki
Griechenland Festland
Griechische Inseln/ Ägäis
Istanbul
Korfu
Kos
Kreta
Peloponnes
Rhodos
Sámos
Santorin
Türkei
Türkische Südküste
Türkische Westküste
Zákinthos/ Itháki/ Kefalloniá/ Léfkas
Zypern

NORDAMERIKA

Chicago und die Großen Seen
Florida
Hawai'i
Kalifornien
Kanada
Kanada Ost
Kanada West
Las Vegas
Los Angeles
New York
San Francisco
USA
USA Ost
USA Südstaaten/ New Orleans
USA Südwest
USA West
Washington D.C.

MITTEL- UND SÜDAMERIKA

Argentinien
Brasilien
Chile
Costa Rica
Dominikanische Republik
Jamaika
Karibik/ Große Antillen
Karibik/ Kleine Antillen
Kuba
Mexiko
Peru & Bolivien
Yucatán

AFRIKA UND VORDERER ORIENT

Ägypten
Dubai
Iran
Israel
Jordanien
Kapstadt/ Wine Lands/ Garden Route
Kapverdische Inseln
Kenia
Marokko
Marrakesch
Namibia
Oman
Südafrika
Tansania/ Sansibar
Tunesien
Vereinigte Arabische Emirate

ASIEN

Bali/Lombok/ Gilis
Bangkok
China
Hongkong/ Macau
Indien
Japan
Kambodscha
Ko Samui/ Ko Phangan
Malaysia
Myanmar
Nepal
Peking
Philippinen
Phuket
Shanghai
Singapur
Sri Lanka
Südkorea
Seoul
Thailand
Tokio
Vietnam

INDISCHER OZEAN UND PAZIFIK

Australien
Malediven
Mauritius
Neuseeland
Seychellen

IMPRESSUM

3. Auflage 2025

ISBN 978-3-575-02042-0

Projektleitung und Konzept: Andrea Wurth
Autorinnen und Autoren: Annik Aicher, Jens Bey, Andrea Bonder, Brigitte Bonder, Oliver Breda, Viktor Coco, Jörg Dauscher, Isa Ducke, Oliver Fülling, Ole Helmhausen, Petra Juling, Mark Markand, Susanne Lipps-Breda, Timo Lutz, Corinna Melville, Natascha Thoma, Susanne Völler, Veronika Wengert, Anne Winterling
Gestaltung und Karten: Eggers + Diaper, Potsdam
Produktion: Bintang Buchservice GmbH, Berlin, www.bintang-berlin.de
Lektorat, Satz, Bildredaktion: Sabine Bösz, Jan Düker, Jessika Zollickhofer

Lob oder Kritik? Wir freuen uns auf deine Nachricht! Trotz gründlicher Recherche schleichen sich manchmal Fehler ein. Wir hoffen, du hast Verständnis, dass der Verlag dafür keine Haftung übernehmen kann.

Printed in Italy

FSC www.fsc.org MIX Papier | Fördert gute Waldnutzung FSC® C015829